時間と空間の常識に挑む小企業

―ニューノーマルの先端をゆく発想―

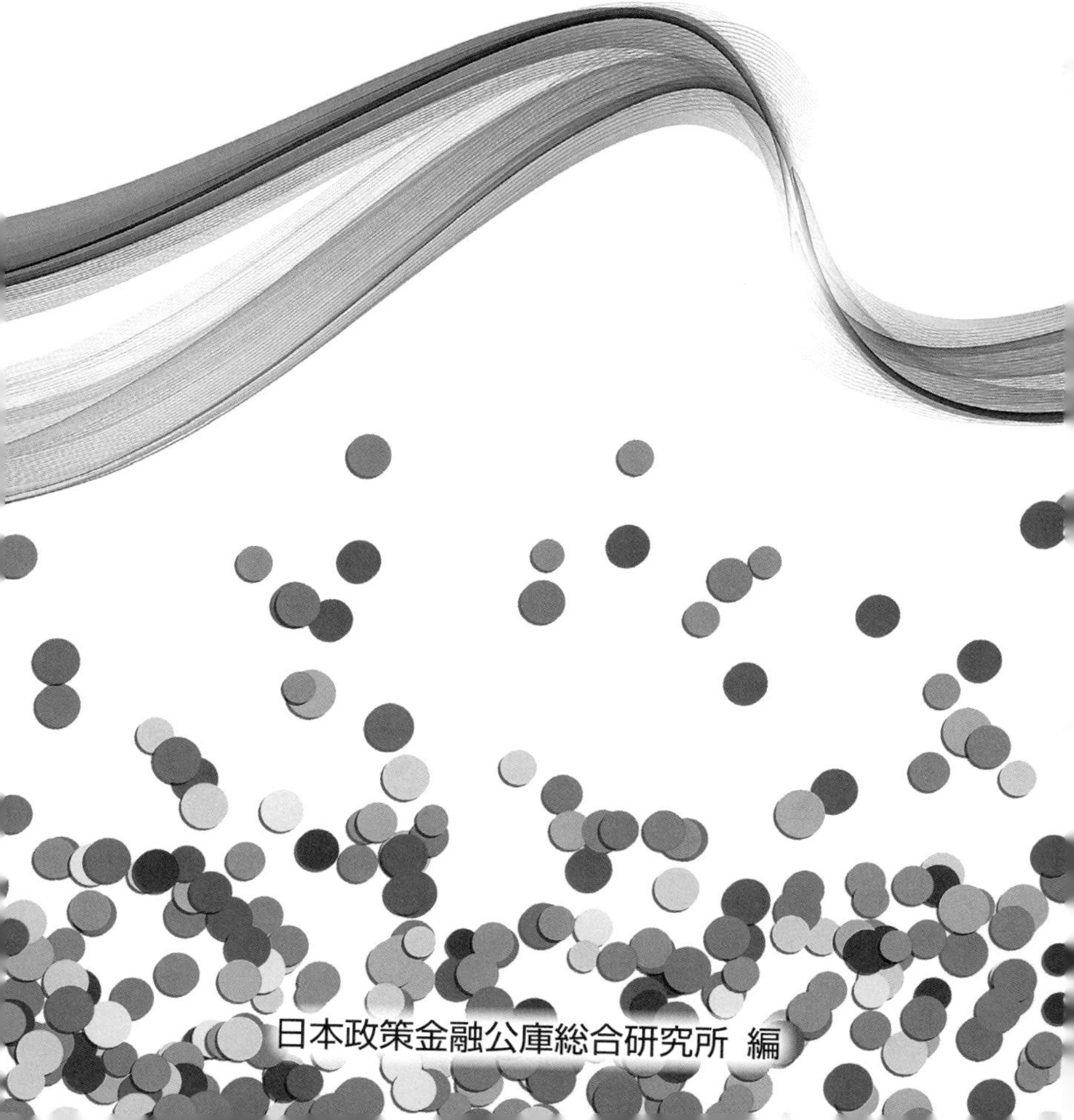

日本政策金融公庫総合研究所 編

はしがき

本書は、時間や空間の使い方を工夫し、非接触型のビジネスを展開している小企業の取り組みをまとめたものである。

２０２０年に起きた新型コロナウイルス感染症の拡大は、人と人の接触のあり方を見直すきっかけになった。コロナ禍において、多くの人が接触を減らすためにどうすればよいかを考え、実践していった。感染拡大の防止を図るため、人と接触するときはマスクを着用したり、密閉・密集・密接の３密を回避したり、ソーシャルディスタンスを意識したりするようになった。さらには、オンライン技術の活用によって人同士が同じ空間にいることを避けたり、分散登校や時差通勤など一つの空間に人が集まる時間をずらしたりする動きが社会全体に広がった。このような社会情勢の変化に呼応して、ビジネスの世界においてもサービスの提供方法や従業員の働き方など、時間や空間の使い方を見直す企業が増えているのではないだろうか。

こうした問題意識から、日本政策金融公庫総合研究所は、時間や空間に対する柔軟な発想でコロナ禍前からいち早く非接触型のビジネスを展開してきた企業の事例を調査した。本書はその研究成果をまとめたものである。取材した12社の分析を通じてみえてきたのは、ヒト・モノ・カネなど経営資源の制約を乗り越え、自社らしいビジネスを追求する姿だった。

本書は2部構成である。第Ⅰ部の総論では、事例企業がどのように人同士の接触を削減したのか、そして、時間や空間の使い方を工夫してビジネスを変革するためにはどういった取り組みが求められるのかを分析した。執筆は当研究所主任研究員の山崎敦史が担当した。第Ⅱ部の事例編では、取材した企業の取り組みの詳細をインタビュー形式で紹介している。取材と執筆は山崎のほか、グループリーダーの藤田一郎、主任研究員の笠原千尋、研究員の尾形苑子、篠崎和也、星田佳祐、秋山文果、原澤大地が担当した。編集については、㈱同友館の神田正哉氏をはじめ編集部の方々にご尽力いただいた。何より、本書で紹介した企業の経営者や従業員の皆様には、ご多忙にもかかわらず取材に快く応じていただいた。貴重なお話を聞かせてくださったことに感謝申し上げたい。

当研究所は百万社を超える顧客をもつ公庫のネットワークを生かし、アンケート調査やヒアリング調査などにより中小企業の最新の実態を明らかにしてきた。小規模事業者の分野については、従業者数が原則20人以下の企業を対象に毎年テーマを決めて取材を重ねる経営工夫事例集を出版している。本書はその14冊目である。ヒアリング調査においては、研究員が企業の現場を訪ねることとしてきたが、今回の調査では感染防止の観点から、すべての取材をリモートで実施した。残念ながら現場に宿る熱気を肌で感じることはできなかったものの、リモートならではの利点を生かして香港やロサンゼルスなど海外を拠点に活動する企業の経営者にもお話をうかがうことができた。

わが国では初めて感染者が確認された2020年1月から2022年5月までの約2年間で、883万人以上が感染し、3万人以上が亡くなった。感染の拡大と縮小を繰り返すコロナ禍の終わりはまだみえないが、それでも諦めることなく、先を見据えて懸命に事業を続けている小企業の方々にわたしたち研究スタッフは大いに勇気づけられた。本書の分析が、時間や空間の使い方を工夫しようと考えるきっかけになるとともに、小さな企業がアフターコロナにおいて経営を維持、発展させていくための一助となれば幸いである。

2022年6月

日本政策金融公庫総合研究所
所長　武士俣 友生

目次

第Ⅱ部　事例編

第Ⅰ部

総　論

資源の制約、環境の変化を柔軟にとらえる

日本政策金融公庫総合研究所
主任研究員　山崎　敦史

第1章

見直される時間や空間の使い方

1　コロナ禍に揺れた日本経済

新型コロナウイルス感染症の拡大により、世界は大混乱に陥った。２０２０年１月には中国・武漢市がロックダウン（都市封鎖）され、世界保健機関（ＷＨＯ）は「国際的に懸念される公衆衛生上の緊急事態」を宣言した。３月以降は多くの国でロックダウンが実施された。

日本では、２０２０年４月に最初の緊急事態宣言が発出された。そこから２年が経過した２０２２年5月末現在、感染者数は累計で人口の７％に当たる８８３万人、死亡者数は３万人に上っている。図1-1は、最初に感染者が確認された２０２０年１月16日から5月末までの１日当たりの新規感染者数の推移である。初めて死亡者が確認された２０２０年２月、政府はイベントの中止、延期、規模縮小や小・中・高等学校等の臨時休校を要請したが、新規感染者数は増え続けた。緊急事態宣言が発出された４月には１日６００人を超えた。これが感染拡大の第1波であった。大きな感染の波は２０２２年5月までに6回あり、回を重ねるごとに波が高くなっていった。

図－1　1日当たりの新規感染者数の推移（全国）

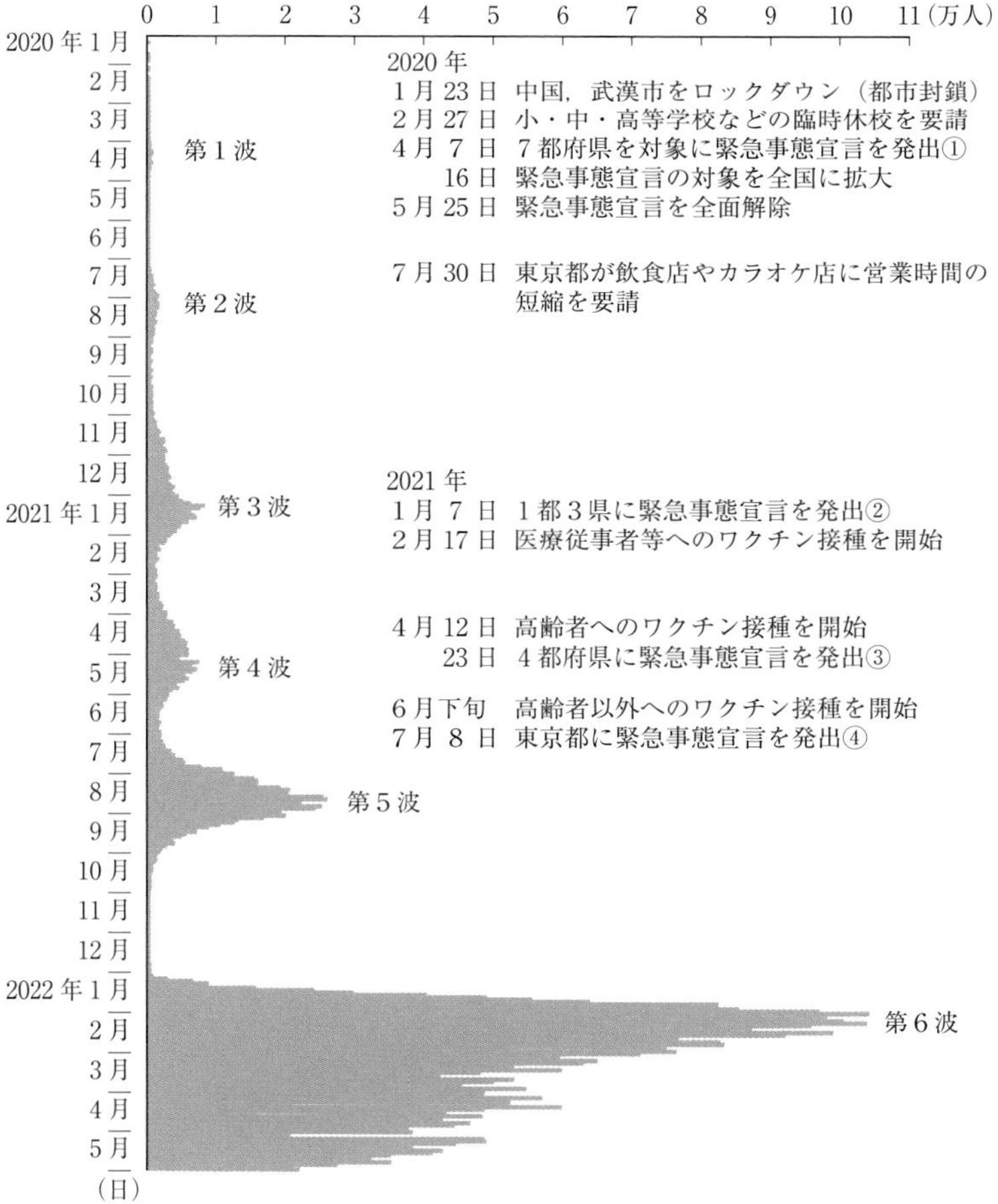

資料：厚生労働省「国内の発生状況」、各種報道をもとに作成
（注）1　新規感染者数は、PCR検査陽性者数。
2　2020年1月16日～2022年5月31日まで。
3　①～④は東京都を対象地域とした緊急事態宣言の発出が何回目かを示す。

感染者や死亡者の数が増える一方で、ワクチンの開発と接種が各国で進んだ。日本では２０２１年２月に医療従事者向け接種が始まったのを皮切りに、４月には65歳以上の高齢者、６月には64歳以下の人への接種がスタートした。２０２２年１月までに２回目のワクチン接種を完了した人が１億人を超えた。

もっとも、２０２１年11月にはオミクロン型と呼ばれる感染力の強い変異株が見つかった。12月からは３回目のワクチン接種も始まったが、２０２２年２月には１日当たりの新規感染者数が10万人を突破した。ワクチン接種が進む一方で、新たな変異株が現れるなど、感染の拡大と収束を繰り返すコロナ禍は、３年目に入った今なお出口が見えない状況である。

こうした２年以上にわたるコロナ禍は、経済活動に大きな影響をもたらしている。感染第１波があった２０２０年４－６月期の実質ＧＤＰ成長率は前年同期比マイナス７・９％となり、同一の基準でデータを比較できる１９９５年度以降で最大のマイナス幅となった（図－２）。マイナスの寄与度が大きかった順に需要項目を並べると、「民間最終消費支出」（マイナス４・７％）、「財貨・サービスの純輸出」（マイナス２・７％）、「民間企業設備」（マイナス１・１％）となっている。政府は、初めての緊急事態宣言発出や諸外国のロックダウンにより、内需と外需がともに大きく下押しされたことが要因と説明している（内閣府、２０２１）。

図－２　実質GDP成長率と需要項目別寄与度の推移（前年同期比）

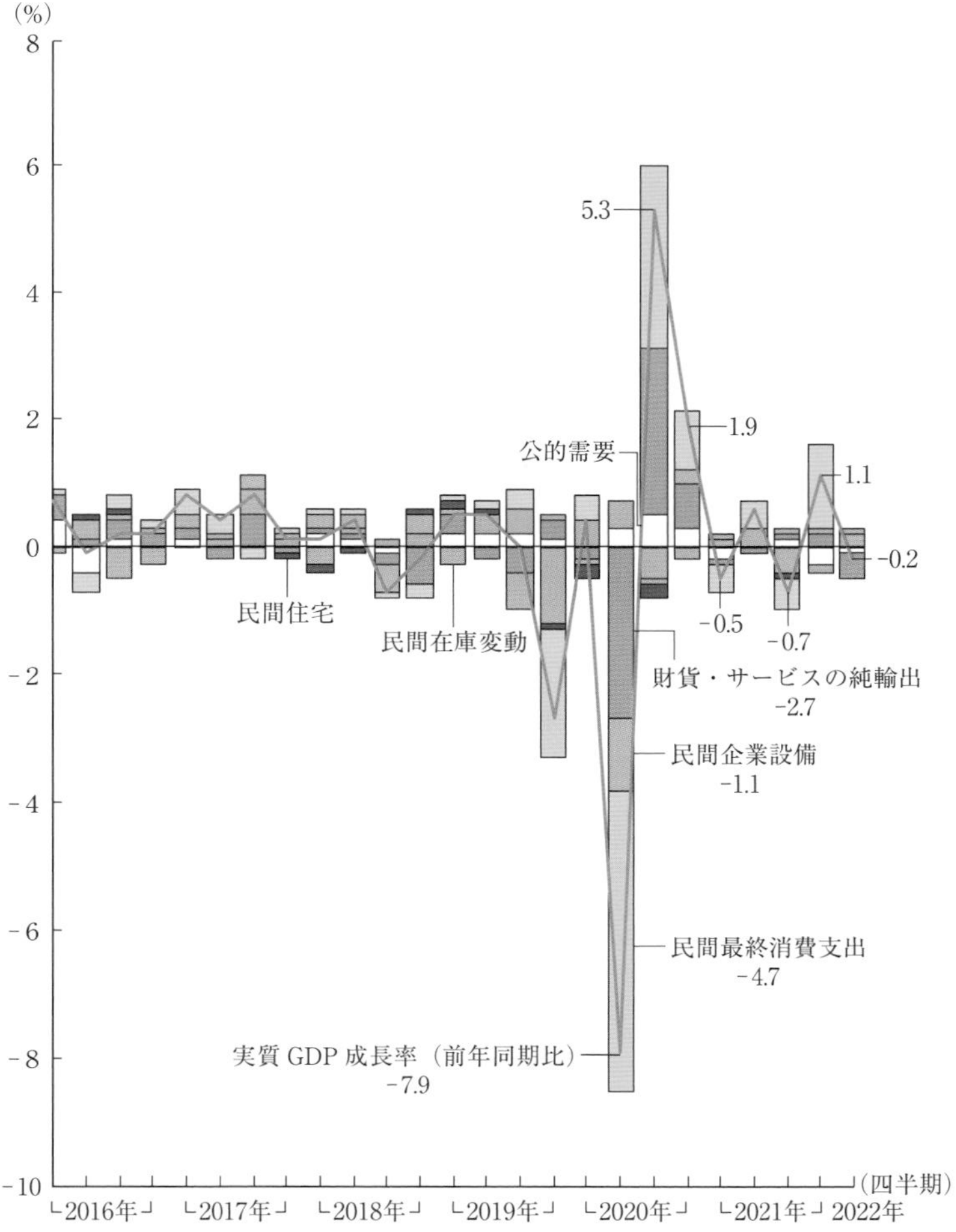

資料：内閣府「四半期別GDP速報」
（注）　2022年１－３月期は１次速報。その他は２次速報。

一方、同年7－9月期には、実質GDP成長率はプラス5・3％と大きく改善した。「民間最終消費支出」「財貨・サービスの純輸出」が大幅なプラスとなったことが寄与した。前期からの反動増に加え、事業者向けの持続化給付金や特例融資、家計向けの特別定額給付金など、さまざまな経済対策が講じられたことが大きいとみられる。海外でロックダウンの緩和や解除が進み、中国や米国でいち早く経済活動が再開されたことが外需を押し上げた。

同10－12月期から直近の2021年10－12月期までの実質GDP成長率は、繰り返される感染拡大や緊急事態宣言をはじめとする経済活動の抑制によって、一進一退の状態が続いた。こうしたなか、「民間最終消費支出」の寄与度の大きさがほかの需要項目に比べて目立つ。「民間最終消費支出」の動向が、コロナ禍における経済成長に大きく影響していることがわかる。

2　大きく変わった消費者の行動

GDP統計から、新型コロナウイルス感染症が拡大して以降、民間最終消費支出、つまり個人消費が経済成長率に大きく影響していることが確認できた。では、コロナ禍で個人消費はどう変わったのだろうか。別のデータからもう少し詳しくみていくことにしたい。

消費の動向を示す代表的な統計、総務省「家計調査（家計収支編）」をみると、消費支出（二人以上の世帯）の前年同月比は、新型コロナウイルス感染症の第1波があった2020年3月から低下を始め、5月にはマイナス16・2％を記録した（図-3）。同じ基準で比較可能な2001年以降で最大のマイナス幅である。第2波、第3波、第4波の時期にも、消費支出は大幅なマイナスとなった。その後の2022年3月までの動きをみると、2021年3～5月と2022年1月に前年の反動でプラスとなっていることを除き、ほとんどの月で小幅なマイナスとなっている。消費支出はいまだ弱い動きが続いているといえる。

品目別にみると、最初の緊急事態宣言が発出された2020年4月は、前年同月比で「交通」がマイナス73・0％、「外食」がマイナス65・7％、「被服及び履物」がマイナス55・4％と大きく低下した。外出が著しく減ったことが要因と考えられる。この3品目について、東京オリンピックの期間中に始まった第5波以降をみると、「交通」は2021年10月から、「被服及び履物」は11月から、「外食」は12月から2022年1月までプラスに転じていた。この期間は感染状況が落ち着いていたことから、これら3品目の消費支出も回復したものと考えられる。一方で、第1波や第2波で前年同期比プラスとなる月が多かった「教養娯楽用耐久財」や「光熱・水道」などはマイナスになっている。いわゆる巣ごもり消費が一段落し

図－３　消費支出の動き（実質、品目別、二人以上の世帯、前年同月比）

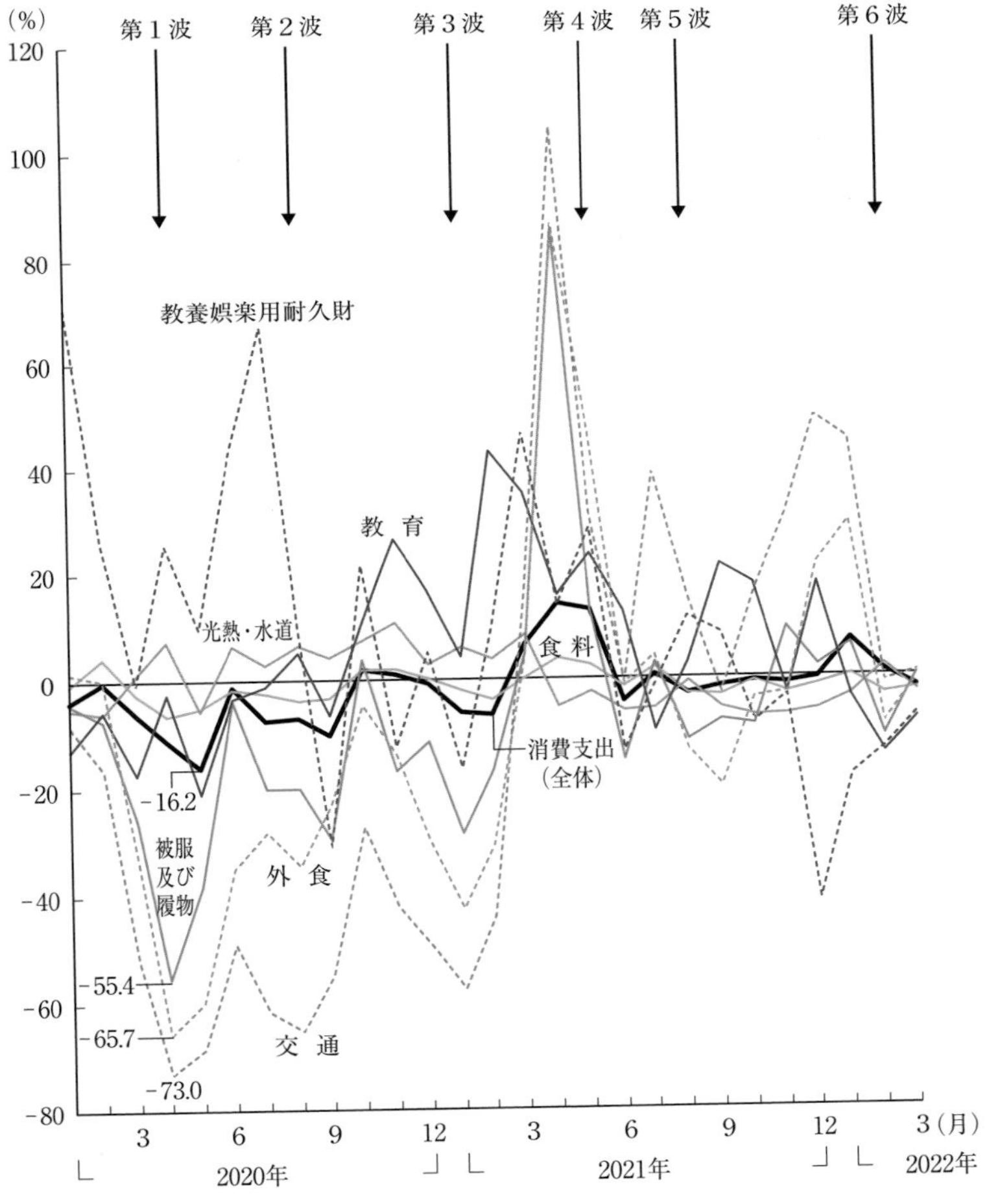

資料：総務省「家計調査（家計収支編）」
(注) １　品目の大分類は実線、中分類は点線。
　　２　↓は感染拡大の各波において１日当たりの新規感染者数がピークを記録した月。

たためと思われる。感染が拡大すると、不要不急の外出の自粛や人同士の接触機会の削減などが呼びかけられ、多くの人が自宅で過ごす時間を増やす。感染が落ち着けば、外出する時間は増える。感染状況により生活スタイルは変化し、消費行動も変わるといえよう。

３　厳しい状況に置かれる小企業

消費行動の変容による需要の劇的な変化はコロナ禍によって不意にもたらされ、その結果多くの企業が苦境に立たされた。この間、企業の景況感はどのような動きをみせたのだろうか。日本銀行「全国企業短期経済観測調査」における大企業と中小企業、日本政策金融公庫総合研究所（以下、当研究所という）「全国中小企業動向調査・小企業編」（以下、動向調査という）における小企業のデータからみていこう。

業況判断ＤＩ（業況が「良い」と回答した企業割合から「悪い」と回答した企業割合を差し引いた値）を企業規模別にみると、いずれの規模の企業でも、消費税率の引き上げが行われた２０１９年10－12月期の数期前から緩やかな低下がみられ、コロナ禍に入った２０２０年１－３月期に大きく低下、続く４－６月期には、大企業でマイナス26、中小企業でマイナス33、小企業でマイナス73・７と、さらに著しい低下となった（図－４）。なかでも小企業の

図－４　企業規模別業況判断DIの動き（全業種計）

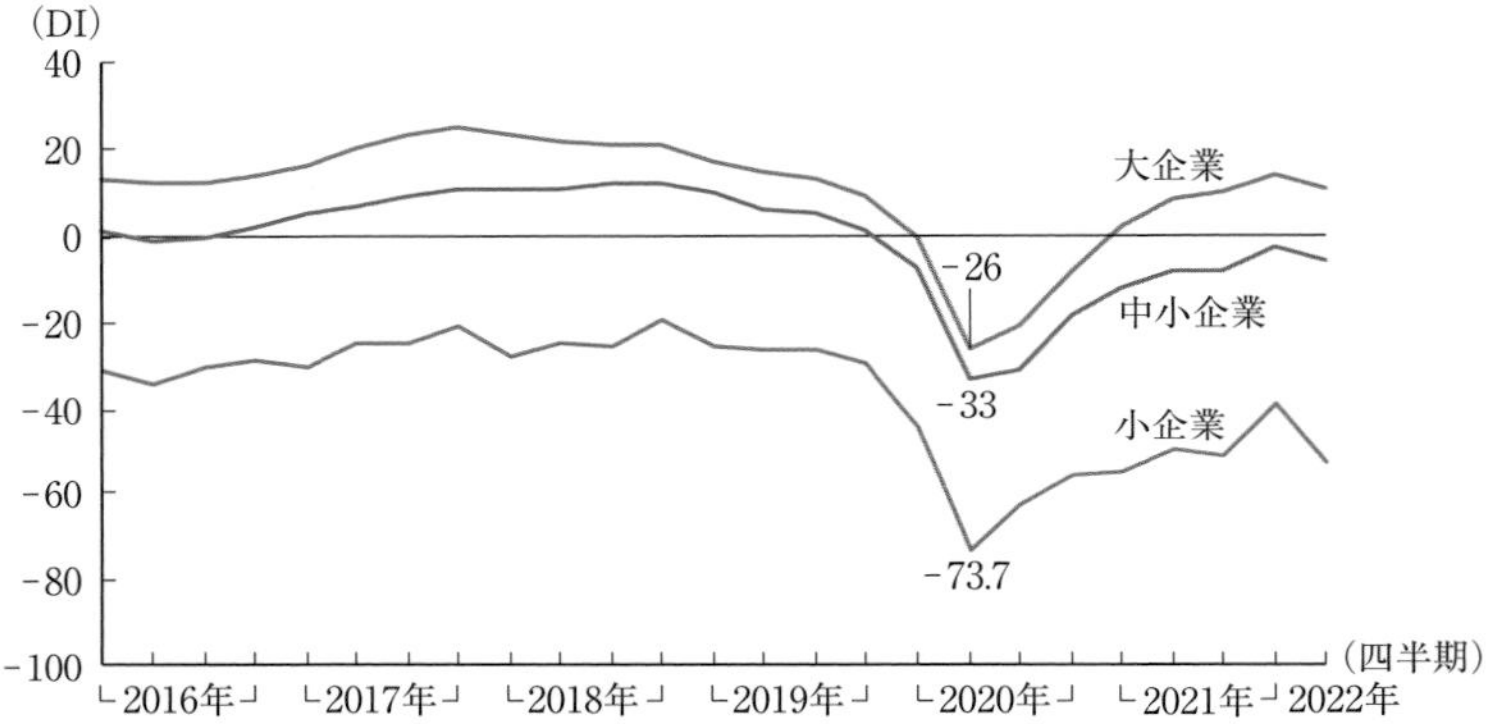

資料：日本銀行「全国企業短期経済観測調査」、日本政策金融公庫総合研究所「全国中小企業動向調査・小企業編」

（注）１　業況判断DIは、業況が「良い」と回答した企業割合から「悪い」と回答した企業割合を差し引いた値。

２　大企業は資本金10億円以上、中小企業は資本金2,000万円以上１億円未満、小企業は従業者数原則20人未満の企業。

状況はきわめて厳しい。大企業や中小企業と違って小企業の業況判断ＤＩは、バブル崩壊後の１９９１年10－12月期以降はマイナス圏の状態が続いている。もともと厳しい状況にあったなかコロナ禍の影響を受け、１９８７年の調査開始以降最悪の水準となったのである。その後の改善の勢いも弱く、２０２２年１－３月期の低下幅も大企業や中小企業と比べて大きい。規模の大きな企業と小さな企業で景況感に違いがあるようだ。

コロナ禍以降の小企業への影響をより詳しくみていこう。小企業の業況判断ＤＩを業種別にまとめたのが図‐5である。全業種計でボトムだった２０２０年４‐6月期はすべての業種で業況判断ＤＩが前期から大きく低下した。ＤＩの水準が最も低かった「飲食店・宿泊業」でマイナス93・2、次いで低かった「個人向けサービス業」でマイナス85・6を記録した。すでにこの時点で、最もＤＩが高い「建設業」（マイナス46・6）と最も低い「飲食店・宿泊業」の間には46・5ポイントもの水準差があった。

その後のＤＩの回復の様子にも違いがみられる。業況判断ＤＩの方向感は同じだが、リモートワークの増加が追い風となった「情報通信業」、底堅い公共投資の恩恵を受ける「建設業」、建築設計や建物サービスのウエイトが高い「事業所向けサービス業」、米国・中国などの経済活動の正常化が進んだことから輸出関連の事業が堅調な「製造業」などで比較的順調な回復がみられる一方、理美容、クリーニング、学習塾などをボリュームゾーンとする「個人向けサービス業」、巣ごもり需要の恩恵が少ない「非耐久消費財小売業」などの回復は鈍い。「飲食店・宿泊業」に至っては、感染状況が落ち着いていた２０２１年10‐12月期を除けば、きわめて低い水準が続いている。

飲食、宿泊、個人向けサービスなど対面や接触をサービスの基本とする業種で苦境が続いているのは、感染リスクを避けるために消費者が利用をためらうからだろう。感染症が収束

図－５　業種別業況判断DIの動き（小企業）

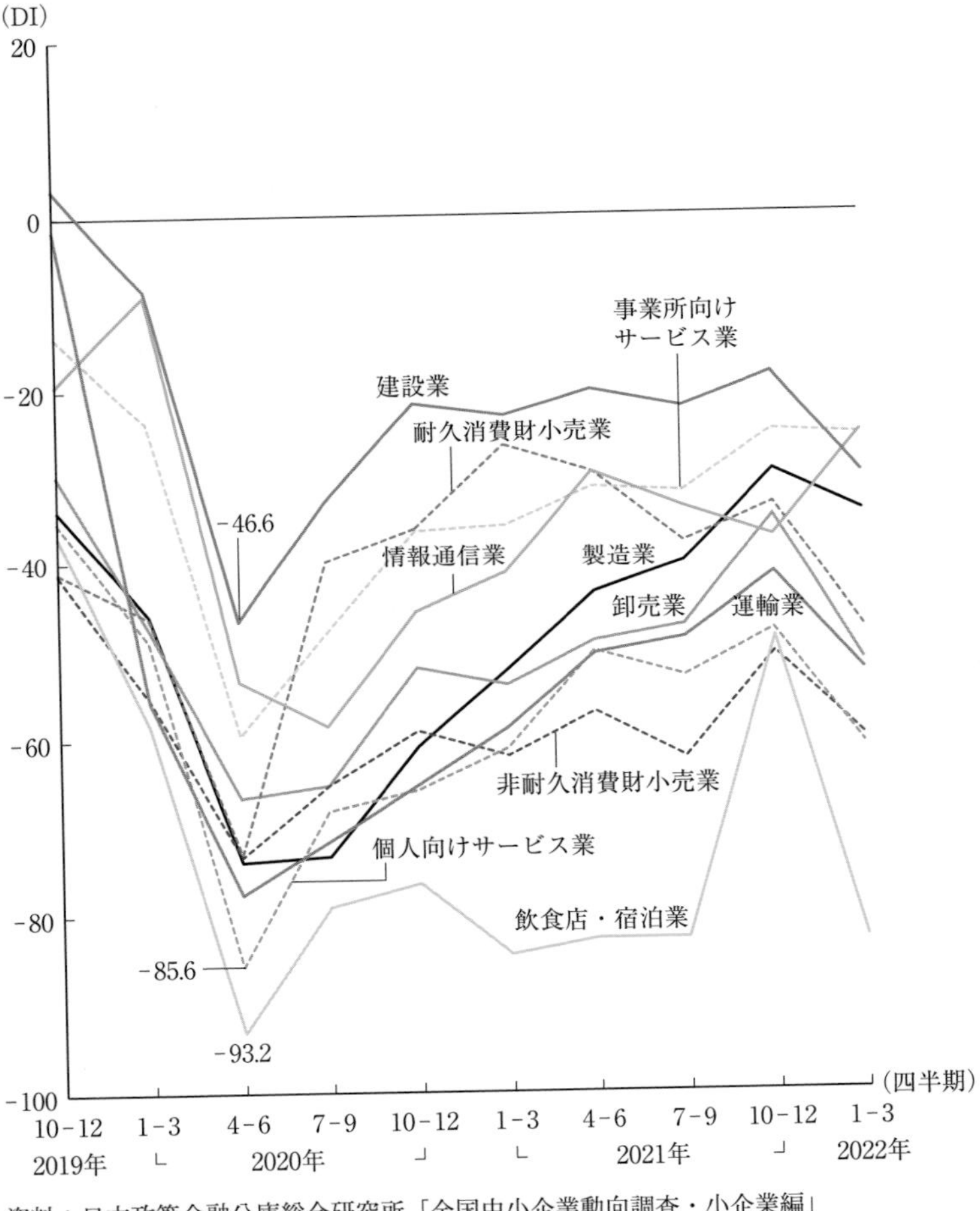

資料：日本政策金融公庫総合研究所「全国中小企業動向調査・小企業編」
(注) 1　図－4の（注）1に同じ。
2　従業者数原則20人未満の企業。
3　業種の大分類は実線、その他の分類は点線。

しない限り、需要は抑制され続けることになる。加えて、これらの業種では供給面にも大きな制約があった。緊急事態宣言やまん延防止等重点措置のたびに国や自治体から休業や営業時間の短縮を要請され、普段どおりに営業できなかったことは、業績に大きく影響したはずだ。動向調査に寄せられた調査対象企業の自由記述をみると、「自粛等によって宴会等のニーズがなくなり売り上げ回復の見通しがまったく立たない」（２０２０年７－９月期調査、東京都、飲食店）、「外出して人と会うことが少なくなっている影響で、顧客の来店頻度が低下した」（２０２１年７－９月期調査、静岡県、理容業）、「教室での接触が敬遠され、募集をかけても生徒が集まらない」（２０２１年10－12月期調査、山口県、学習塾）など、コロナ禍での窮状をうかがえるものが多かった。

ただし、小企業のほとんどが苦境に陥る一方で、業績を伸ばしている企業も存在する。例えば、コロナ禍初期の動向調査には「店舗の営業時間を短縮したが、テイクアウト需要をうまく取り込めたので、休む間もないくらい忙しい」（２０２０年７－９月期調査、大阪府、飲食店）、「周囲の店と異なり、もともと店内をソーシャルディスタンスが保てるくらいゆったりした造りにしていたことで、お客さまからこの店は安心できると言ってもらい、むしろ売り上げが増えている」（２０２０年７－９月期調査、埼玉県、理容業）といったコメントがあった。２０２１年10－12月期では、「オンラインレッスンを導入したため問題なく営業している。また、社会人の生徒が増えた。テレワークが広がり、勤務者がレッスン時間を確保しやすくなったことが要因である」（２０２１年10－12月期調査、埼玉県、音楽教室）といった生活スタイルの変化による好影響を指摘する声も寄せられている。商品・サービスの中身やその提供方法などのちょっとした違いが回復と停滞の明暗を分けているようだ。

4　変わるビジネスの常識

コロナ禍によって接触機会の削減や3密（密閉・密集・密接）の回避などの行動変容がいや応なしに進んだ結果、企業の経営環境は一変した。もちろん、ワクチン接種の進展や感染者数の減少によりある程度は元に戻るだろうが、リモートの便利さや在宅勤務の柔軟さなどを経験した今となっては、コロナ前に完全に戻ることはないと考えられる。これからの時代は、行動変容を果たした人たちのニーズに合致する生産・販売プロセスを築けるかどうかが企業の存続を左右するといっても過言ではなかろう。そしてポイントとなるのは、何といっても時間や空間の使い方である。

飲食店を例に考えてみよう。これまでであれば、所狭しと客席を置いた店内は客でいっぱい、外まで行列が伸びていて絶えず客が出入りしているという光景が、繁盛店の典型だった。しかし、今あえて人混みに飛び込んで食事したいと考える人はいないだろう。限られた空間にぎっしりと席を並べ、回転率を極限まで高める工夫で収益を最大化するという飲食店の常識は、過去のものになりつつあるわけだ。コロナ禍では、自治体の多くが営業時間や酒類提供時間の短縮を求めたのに加え、独自の認証制度を用意し、飲食店による感染防止対策の強化を促した。さまざまな業界団体も感染防止ガイドラインを作成した。この結果、感染防止対策を徹底している店とそうでない店を識別できるようになった。多くの認証制度やガイドラインは、消毒液やパーティションの設置に加え、テーブルや座席の間隔を空けるいわゆるソーシャルディスタンスの確保、顧客に大声での会話を控えるよう注意喚起したり、マスク会食を促したりといったことを求めている。例えば山梨県は50項目以上の基準を設定し、一つ一つの店舗を実地確認して認証しているだけでなく、認証後の抜き打ち検査や利用者による通報制度も導入した。

営業時間の短縮やソーシャルディスタンスの確保は、時間や空間の使い方に制約を課すことで人と人との接触を減らす取り組みといえる。つまりコロナ禍は、半ば常識として誰も意識してこなかった時間や空間の使い方を見直す契機になったのである。ある大手回転ずしチェーン店は、顧客が店員と一切会うことなく飲食できる店舗をオープンした。新しいシステムを導入し、店内ディスプレーによる座席案内や、備えつけのタブレットや顧客のスマートフォンからの注文受け付け、セルフレジによる無人会計を実現した。アフターコロナをにらんで非接触をとことん追求したものといえる。

すべての企業がこのように劇的に変身できるのならよいが、実際には数々のハードルがあるだろう。特に、ヒト、モノ、カネといった経営資源が相対的に乏しい小さな企業にとって、これまで当たり前としてきた時間と空間の使い方を変えるのは容易ではない。その要因としては大きく二つのことが挙げられよう。

一つ目は、小企業が生産・販売プロセスの多くを人の労働に頼りがちなことである。実際、機械化の程度を表す指標で、有形固定資産の額を従業者の数で除した資本装備率を計算すると、資本金1億円以上の企業で1715万円／人、資本金5000万円以上1億円未満で678万円／人、資本金2000万円以上5000万円未満で554万円／人、資本金1000万円以上2000万円未満で566万円／人、資本金1000万円未満で299万円／人となっている（表Ⅰ-1）。企業規模が小さいほど、保有する有形固定資産の額が少なくなる傾向にあり、労働集約的であるといえる。小さな企業では従業員同士が時間と空間を

表−１　企業規模別資本装備率

（単位：万円）

資本金	１億円以上	5,000万円以上 １億円未満	2,000万円以上 5,000万円未満	1,000万円以上 2,000万円未満	1,000万円未満
資本 装備率	1,715	678	554	566	299

資料：財務省「法人企業統計調査（2020年度）」
（注）１　資本装備率＝有形固定資産（当期末）÷（期中平均役員数（当期末）＋期中平均従業員数（当期末））。
２　農林水産業、金融業、保険業、不動産業を除く。

共有しながら働いていることが多い。そしてその場に顧客を迎え入れることで生まれる一体感、いわば阿吽《あうん》の呼吸のようなものが小企業ならではの小回りの利くビジネスを可能にしていると考える経営者も多いだろう。経営者と従業員と顧客の物理的な距離が近いことは、小さな企業の魅力でもある。こうした企業にとって、時間や空間の使い方を変えることは、自らの競争力を再定義することにほかならない。

二つ目は、小企業は今後、時間や空間の使い方を変えるための新たな投資をためらう可能性が高いことである。２０２０年３月に日本政策金融公庫は実質無利子・無担保の新型コロナウイルス感染症特別貸付を開始し、その後、民間金融機関も同様の融資を推進した。休業により売り上げが大きく減少した企業や、いつ終わるかわからないコロナ禍に備え資金の確保に動いた企業は多く、金融機関による貸出残高は急増し、同年６月には大企業向け融資で前年同月比13・４％、同年10月には中小企業向けで同じく

図－６　企業規模別貸出残高の動き（前年同月比）

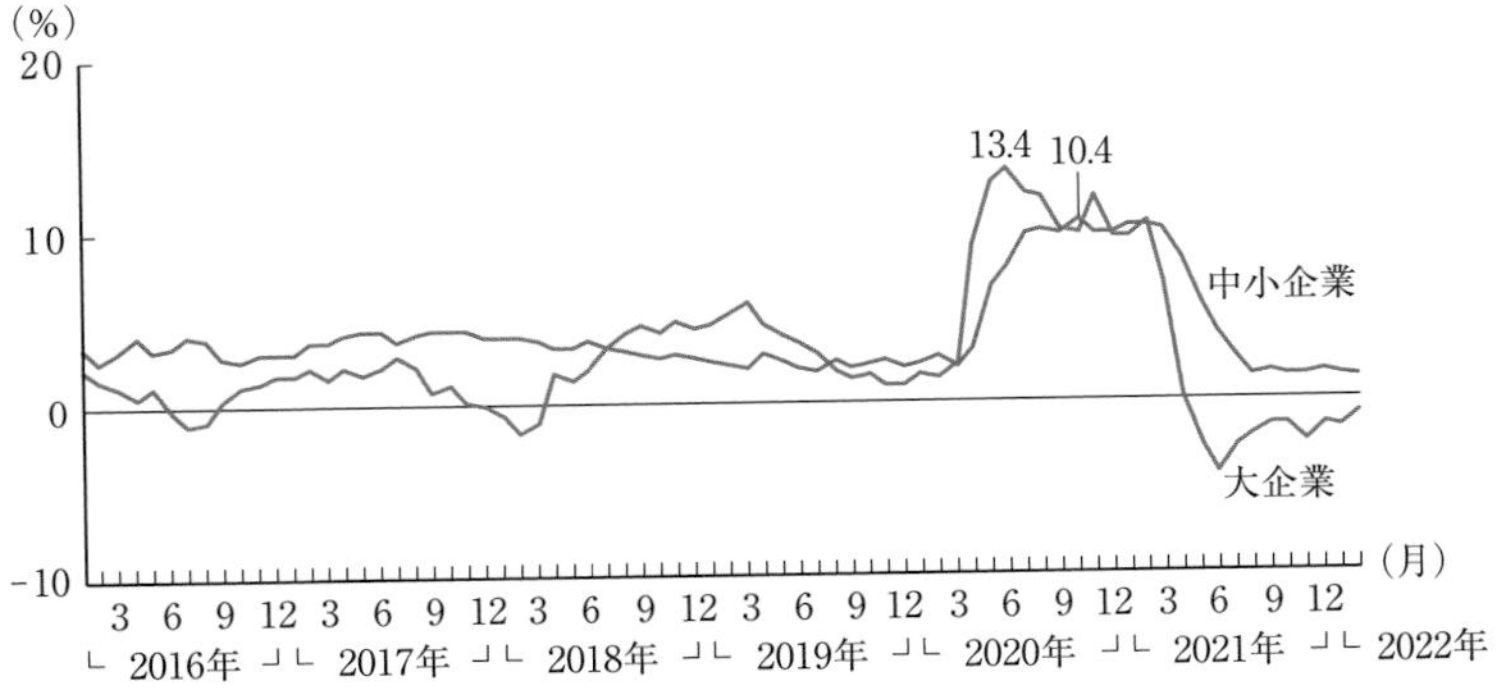

資料：日本銀行「預金・現金・貸出金」、全国信用組合中央協会「全国信用組合主要勘定」、日本政策金融公庫「融資実績・残高」

（注）１　中小企業は、資本金３億円（卸売業は１億円、小売業、飲食店、サービス業は5,000万円）以下、または常用従業員数300人（卸売業、サービス業は100人、小売業、飲食店は50人）以下の法人（金融含む）向けの国内銀行（銀行勘定、信託勘定）の貸出金残高と、信用金庫、信用組合、日本政策金融公庫国民生活事業、同中小企業事業の事業用貸出金残高の合計。

２　大企業は、国内銀行（銀行勘定、信託勘定）の法人（含む金融）向けの貸出金残高から、資本金３億円（卸売業は１億円、小売業、飲食店、サービス業は5,000万円）以下、または常用従業員数300人（卸売業、サービス業は100人、小売業、飲食店は50人）以下の企業への貸出金残高を除いたもの。

10・４%とそれぞれピークを記録した（図－６）。

それから２０２１年２月までは大企業、中小企業ともおおむね10%前後で推移していたが、大企業向けは５月に前年同月比マイナスに転じてから貸出残高の減少が続いている一方、中小企業向けは増加ペースこそ落ち着いてきたものの、依然として貸出残高は増えていることがわかる。先述のとおり小企業の業況が依然として厳しいことも考慮すると、まだ資金繰りのため金

図－７　企業規模別債務負担倍率

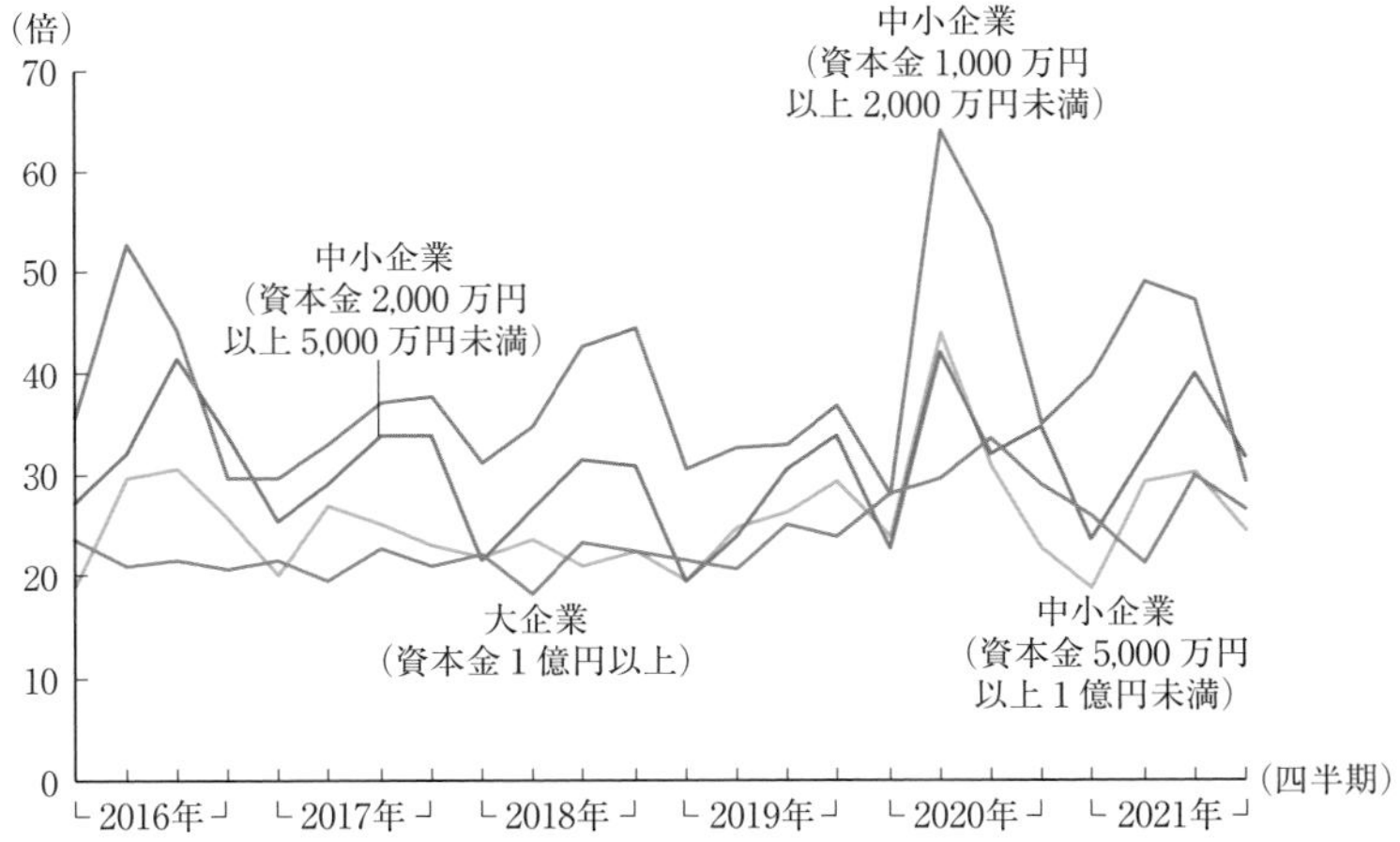

資料：財務省「法人企業統計調査（四半期）」
（注）１　債務負担倍率＝(長期借入金＋短期借入金＋社債)÷(四半期の経常利益×0.5＋四半期の減価償却費)。
　　　２　表－１の（注）２に同じ。

融機関からの借り入れを必要とする企業が多いことがうかがえる。

小企業の業況がこれまでになく厳しいなかで、借入金が増えれば、それだけ返済は大変になる。そこで、企業が抱える債務の負担に目を向けてみよう。図－７に示した債務負担倍率は、長期借入金と短期借入金と社債の合計残高を、四半期のキャッシュフロー（ここでは経常利益の半分と減価償却費の合計）で割ったものである。倍率が大きいほど債務の負担が重いことを示す。２０１６年以降の推移をみると、どのカテゴリーも振れ幅はあるものの、中小企業（資本金1000万円以上2000万円未満）は30〜45倍、中小企業（資本金2000万円以上5000万円未満）は25〜35倍、中小企業（資本金5000万円以上1億円未満）は20〜30倍、大企業（資本金1億円以上）は20〜25倍の間でおおむね推移してきた。ところが、コロナ対策により債務負担倍率の分子を構成する借り入れが増えたことから、2020年4-6月期に一気に上昇した。なかでも、最も規模の小さい中小企業（資本金1000万円以上2000万円未満）では64・3倍と突出して高い水準となった。感染状況が比較的落ち着いていた2021年10-12月期は、債務負担倍率の分母を構成する経常利益が回復した結果、債務負担倍率は低下したものの、分子に当たる借り入れの残高は依然として多い。厳しい業況下でそう簡単にキャッシュフローが増える見通しも立たないことから、債務負担が重い状態はしばらく続くと予想できる。コロナ禍をしのぐことだけで精いっぱいでこれ以上借り入れを増やしたくないと考え、新たな投資を躊躇《ちゅうちょ》する小企業経営者は多いのではないだろうか。時間や空間の使い方を変える必要性は認識していても、そのための投資に踏み切れない経営者もあるに違いない。

他方、第3節で紹介した動向調査の自由記述のように、小さな工夫でコロナ禍を乗り切っている企業も少なからずある。もっと範囲を広げてみれば、本来ならば対面・接触に重きを置き、顧客との密接なつながりを築いてきたビジネスにおいて、大胆な発想の転換により時間や空間の使い方を変革し、これまでになかった付加価値を創出している企業もあるのではないか。接触減を求める社会の動きを先取りし、むしろコロナ禍による人々の行動変容を追い風としているような先駆的な小企業も存在するはずだ。第２章からは、コロナ禍以前から時空の使い方を差別化の足がかりにしている企業の実態に迫っていきたい。これらの事例には、いずれも時間や空間の常識を覆すような取り組みがあった。しかも、あまりお金をかけずに実現しているケースばかりである。独創的な発想でニューノーマルの先端を行く経営者たちは、時間や空間をどうとらえ、その使い方をどう変えてきたのだろうか。対面による接触を減らしつつも、これまでにない付加価値の創出に成功したポイントは何か。そして必要な経営資源をどのように活用したり補ったりしたのか。詳しくみていこう。

第２章　どうやって接触を削減したのか

第１章で述べたように、新型コロナウイルス感染症は世界を揺るがし、経済活動にダメージを与えた。感染が拡大するなかで、企業は対面接触の削減や３密の回避などを求める顧客や従業員に対応することを要求された。

　本章では、まず企業が活動するうえで想定される接触のパターンを整理した後、どういった取り組みが接触の削減につながったのか事例を交えてみていく。

1　接触の分類

　一口に接触といってもさまざまな形があるが、本書では企業が考慮すべき接触を三つのパターンに分けて整理する（表 - 2）。

　一つ目は、「従業員と顧客」の接触である。商品やサービスを提供する人と享受する人が対面で接触するケースだ。

　例えば、理美容、学習塾、宿泊、飲食店といった個人向けのサービス業では、基本的に生産と消費が同時に行われる。つまり、現場にサービスの担い手と受け手がそろうことでやりとりが成立する。嗜好品《しこう》や高級品を扱ったり、顧客一人ひとりのニーズにオーダーメードで応える商品・サービスを提供したりする企業でも、対面による接客が一般的だ。物理的にも心理的にも顧客に寄り添うことが当たり前だと考えられてきたのである。

　二つ目は、「顧客と顧客」の接触である。特定の場所に不特定多数の顧客を集めて収益をあ

表－２　接触の分類

	代表的な事業の例
従業員と顧客	理美容、学習塾、宿泊、飲食店といった個人向けのサービス業、嗜好品や高級品を扱う小売店、オーダーメードに対応するメーカーなど
顧客と顧客	飲食店、劇場やライブハウスなど娯楽業、スポーツジムや習い事の教室など
従業員と従業員	従業員が複数人いて、リモートワークを導入していない事業

資料：筆者作成

げるタイプのビジネスで特に生じる。代表的な例は飲食店である。劇場やライブハウスなどの娯楽業では、顧客同士の一体感も売りにしている。そのほか、スポーツジムや習い事の教室など同好の士が集まりやすいビジネスで、顧客同士が交流を楽しめることを強みにしている企業は多いのではないだろうか。

三つ目は、「従業員と従業員」の接触である。従業員が複数人いる企業の場合、リモートワークを導入していなければ、従業員は仕事をするために自宅から職場まで出向くのが一般的である。従業員同士は職場という限られたスペースで長時間接触することになる。

にもかかわらず、従業員同士が接触する時間や空間にまで注意を払う企業は少ない。例えば、小売店のスタッフは、顧客が不在であっても、営業時間中は複数人で店内に待機しているのが一般的だ。いざというときに対応できるようにするためである。例えば、会計を待つ行列ができていたら、急いでいる顧客は別の店に行って買い物を済ませるかもしれない。本来得られたはずの売り上げを失うという、いわゆる機会損失が店に生じる。そうした事態を避けるため、バックヤードに控えていた店員が出てきて稼働するレジを増やし、できるだけ買い物客を待たせないようにする。従業員しか滞在することのないバックヤードや休憩室などは、直接的に収益につながる空間ではないため、必要最低限のスペースでつくられていることも多い。結果として、従業員同士の距離は近くなりがちである。

ここまで、従業員と顧客、顧客と顧客、従業員と従業員の三つに接触を分類した。第1章で触れたように、対面による接触を重視し、顧客や従業員同士の距離感の近さを自社の魅力としてきた小企業は多い。また、例えば美容師によるヘアカット、小売店スタッフによる営業トークなどは機械化が難しい。生産や販売プロセスを人の手に委ねることが常識になっている分野もあるのだ。このように改めて考えてみると、企業努力で接触を減らしたり3密を回避したりするのはそう簡単ではないことがわかる。

それでも、これから紹介していく事例企業は三つに分類した接触のうちいずれかを減らしたり、まったく不要にしたりしている。しかも、新型コロナウイルス感染症が拡大し、多くの企業が接触の削減に取り組み始める前から、ユニークな手法で常識とは異なるビジネスモデルを構築している。では、具体的にどうやってビジネスを変革したのだろうか。当研究所が12社の小企業に実施したヒアリング結果をもとに、以下で詳しくみていこう。

２　変革の手法

接触の削減に成功した企業は、従来は当たり前に人と人が共有してきた時間や空間に何らかの工夫を施している。

事例企業12社の詳細は第２部の事例編に譲るとして、ここでは、時間と空間それぞれに対して事例企業が行った工夫と、それがどのように接触減に結びついているのかポイントを探っていく。

(1) 時間の工夫

時間の工夫の仕方は、①なくす、②ずらす、③長くするの三つに整理できる。

企業にとって工夫の対象となる時間は、店舗が開いている時間、顧客に対して実際にサービスを提供している時間、従業員それぞれがシフトに入って働いている時間などさまざまである。各企業は時間の使い方をどのように工夫したのだろうか。

①なくす

一つ目は、「なくす」である。従業員や顧客が何かにかける時間をなくしたり短くしたりし、結果として人と人との接触を減らしたケースだ。2社の事例を紹介しよう。

酒の小売店や飲食店を中心に海外クラフトビールの卸売りを行う㈱ドリンクアッパーズ（真室光貴社長、東京都文京区、事例1）は、倉庫として使用している社屋の一角に自動販売機を設置し、消費者向けに小売りを始めた。自動販売機で販売しているのは、海外の小さな醸造所でつくられ、現地でも簡単には手に入らないような個性的で希少なクラフトビール約30種類である。

クラフトビールの自動販売機は珍しい。商品一つ一つの個性が強いため、産地や原料、味の違いなど商品ごとの特徴を従業員から顧客に説明しながら売るのが一般的だからである。その方が商品選びを楽しんでもらえたり、嗜好に合うものを提案できたりするため、客単価も顧客の満足度も高まる。日本酒やワインの自動販売機がめったにない理由も同様だと社長の真室さんは語る。

それでも自動販売機を導入した理由の一つは、愛好家以外にターゲットを広げたかったからだ。醸造所の歴史や使われている酵母の種類など商品に関する詳細な知識は、通な人ほど大事にするが、そこまでビールに詳しくない人の購買意欲をかきたてるような情報ではないと真室さんは考えた。

海外クラフトビールには、ビールらしからぬ華やかなデザインが缶に描かれている。自動販売機にユニークなデザインの缶が並ぶ様子は、通りすがりやクラフトビールに興味のない人の目をひきつける。自動販売機での購入をきっかけにクラフトビールのことをもっと知りたいと思った人は、同社の名前をインターネットで検索すれば、ホームページや通販サイトを通じて詳細な情報を得られる。

同社はクラフトビールの門戸を広げるため、接客に頼らない新しいビジネスモデルを築いたわけだ。その結果、店頭での商品説明や会計にかかる時間をなくし、従業員と顧客が接触する機会をほぼゼロにした。

２社目は、顧客が店内に滞在する時間と、従業員同士が対面で連絡をとる時間を削減した事例である。㈱黒﨑鮮魚（黒﨑康滋社長、富山県富山市、事例５）は、富山湾でとれた新鮮な魚を中心に取り扱う食品スーパーだ。「ここに頼めば富山で一番の魚が手に入る」と料理人にも認められており、消費者向けの小売りだけでなく、飲食店向けの卸売りも盛況である。

一般に、店頭に並んだ鮮魚と顧客のニーズにはミスマッチが生じやすい。水揚げされる魚の種類や品質が一定ではなく、価格も変動するからだ。そのため、買い手は目当ての魚があるか、品質はどうか、価格はいくらかなどを自分の目で確かめに行くのが常識だった。

一方、同社は16台の高解像度カメラを使ってショーケースに並ぶ鮮魚の映像をライブ配信している。パソコンやスマートフォンの画面で魚の種類や状態、価格のラベルまでしっかり確認できる。ＰＯＳシステムとも連動しているので、在庫数もリアルタイムでわかる。顧客は商品選びや取り置きの依頼を済ませてから来店することが可能になった。これにより、来店客の滞在時間を減らすことができている。

ショーケースのライブ配信には、来店客の数自体を抑制する効果もある。欲しい商品がない顧客は、来店する必要そのものがなくなるため、店に来るのは商品が決まっている顧客だけということになる。

同社の営業時間は9時から19時までで、日曜日は定休だ。店舗面積は１４４平方メートルである。大型のスーパーに比べると営業時間が短く店舗面積も小さいので、普通に考えれば店内は密になりがちだ。それでも、ライブ配信によって店内に滞留する顧客が減り、顧客と顧客の接触の削減に成功している。

また、社内のオペレーションにもライブ配信を活用している。例えば、遠隔で売れ行きを確認した社長の黒﨑さんが、店のバックヤードで作業する店員に商品の補充や、売れ残っている鮮魚の煮付けへの加工などを指示するといったことが可能になった。指示を出す人と受ける人の役割分担をはっきりさせ、少ないマンパワーを最大限に生かしている。複数人が一堂に会して意思疎通することが減り、これまで対面でやりとりしていた時間が短くなったため、従業員と従業員の接触は減った。

時間をなくす工夫をした事例には、当たり前と思われていた商売のセオリーを疑ったという共通点がある。㈱ドリンクアッパーズは、クラフトビール初心者に目を向けたことで、従業員による商品の詳しい説明は必ずしも必要ではないと判断した。㈱黒﨑鮮魚は、顧客が来店して初めて鮮魚の現物を確認するプロセスには無駄があると考えた。両社は自動販売機やライブ配信などを活用して、従来は必要と考えられていた作業をなくし、効率化を図ったのだ。その過程で顧客や従業員が対面する時間が減り、接触も削減されたわけである。

②　ずらす

時間の工夫の二つ目は、「ずらす」である。

人と人との接触が多くなる時間帯は、商売の内容によってある程度決まっている。例えば、レストランならランチやディナーの時間帯、銭湯なら夕方から夜にかけてにぎわう。旅館であればチェックイン開始時刻とチェックアウト完了時刻の周辺に宿泊客の出入りが集中する。美容室なら祝祭日、入学式や卒業式など晴れの日の前日から当日に利用者が多くなる。

混雑によりサービスを利用できない人が出れば機会損失が生じる。収益力を高めるため、これまで多くの企業は店舗のキャパシティーを増やしたり回転率を高めたりすることで対応してきた。朝昼晩の3回食事を取る、夜に入浴する、晴れの日におしゃれをするといった大多数の人の生活リズムや行動パターンはそろっており、企業側がコントロールできるものではないからだ。

一方で、顧客や従業員が活発に活動する時間をずらすことに成功した企業がある。その結果、人と人の接触を削減しているケースを紹介しよう。

老舗旅館の石川荘（古川典男代表、栃木県那須郡那須町、事例3）は、従来の宿泊プランと新設した「コスプレイヤー応援プラン」のチェックイン開始時刻をずらした事例だ。

アニメやゲームなどのキャラクターに扮《ふん》することをコスプレといい、コスプレする人をコスプレイヤーと呼ぶ。彼ら、彼女らにとって、自分のコスプレ姿を写真に撮り、ＳＮＳで仲間と共有することは大きな楽しみの一つである。

だが、街角で気軽に楽しめるわけではない。通常は専門のイベントスペースやスタジオで行う。トラブルを避けるため、許可を得た場所以外では撮影しないという暗黙のルールを守っているのだ。イベントスペースやスタジオ以外で撮影する場合は、その場所の管理者にコスプレ撮影が可能かどうか自分自身で個別に問い合わせなければならない。

コスプレイヤー応援プランの利用客は、石川荘が事前に許可を得た神社や教会、レジャー施設、山奥の滝や牧場といった観光スポットなど合わせて20カ所以上の場所で自由に撮影することができる。

プランを開始する前、代表の古川さんは、那須高原は避暑地として夏はにぎわう半面、冬は寒さが厳しく雪も降るため、宿泊客が減ってしまうことに悩んでいた。そのことを相談されたのが、一緒に働く娘の平野奈津江さんだった。コスプレが趣味の平野さんは、那須の雪景色にはコスプレ写真の背景として需要があると考えた。そして、同好の士の目線でコスプレイヤーに喜ばれるサービスを提供したらどうかと考えコスプレイヤー応援プランを発案した。今では一年中客足が絶えず、年間の宿泊客数は従来の倍になっている。

撮影スポットの提供がセットになっている以外にも喜ばれているポイントがある。それは、チェックイン開始時刻が12時と、通常の宿泊プランの15時に比べて早いことである。チェックイン時刻を早めたのは、これまでの一般的な宿泊客とコスプレイヤーとでは求めるものが異なるからだ。従来の宿泊客の多くはいくつかの観光スポットを回ってから夕方ごろにチェックインしていた。これに対して、コスプレイヤーの一番の目的は、コスプレをできるだけ長い時間楽しむことである。チェックインと着替えを早く済ませ、すぐに撮影スポットに出かけたいのだ。

チェックインを早めると、次の宿泊者を迎えるため部屋を整える時間が短くなってしまうと思われるかもしれないが、そのようなことは起こらない。コスプレイヤーはチェックアウト完了時刻の10時を待たず早々に旅館を後にし、撮影スポットに繰り出すため、部屋の清掃時間もしっかり確保できる。コスプレイヤー応援プランの利用客と一般客とで、チェックインやチェックアウトの時間帯をずらしたことにより、顧客と顧客の接触を抑えられている。

時間をずらして接触を減らした事例をもう1社紹介しよう。福祉施設にいる高齢者向けに訪問美容サービスを提供する移動福祉美容車そらいろ（長山成行代表、群馬県邑楽郡大泉町、事例4）は、顧客や従業員ごとに施術時間をあらかじめずらしている。

代表の長山さんによれば、群馬県内に移動美容車の前例がなかったため、許認可の取得に苦労したが、老人ホームや病院などにいて自由に外出できない高齢者にもおしゃれを楽しんでほしいという強い思いで創業したという。トラックを改造した移動福祉美容車「そらいろ号」は、スタイリングチェアやシャンプー台のほか、車いすやストレッチャーを載せられる昇降用リフト、冷暖房設備、ＢＧＭを流す音響機器などを備えている。設備は充実しており、通常の美容室と同じサービスを提供できる。出張先の施設は90カ所以上あり、定休日の日曜以外は２台のそらいろ号がフル稼働している状態だ。

事前に施設と結ぶ契約のなかで、１カ月当たりの訪問回数、曜日や時間を定めている。つまり、完全予約制である。訪問当日は、スタッフが利用者を入居施設の部屋から駐車場や庭に待機しているそらいろ号まで順番に案内する。利用者がそらいろ号のなかで接するのは、同じ施設の入居者とそらいろ号のスタッフだけである。一般的な美容室と異なり不特定多数の顧客と顧客が接触することはない。

また、一般的な美容室では勤務する複数の美容師が店内に待機していることがほとんどである。急な予約や来店があっても対応できるようにし、機会損失をなくすためだ。一方、そもそも移動福祉美容車そらいろにはフルタイムで勤務する美容師が少ない。15人の美容師のうち、12人がアルバイトである。アルバイト従業員は全員、結婚や子育てなどでいったん第一線を離れた美容師だ。こうした人たちは勤務できる時間が短い。それでも、すべての訪問日時をあらかじめ決めていることから、所属する美容師一人ひとりの時間的な事情に合わせた勤務シフトを事前に確定できる。美容師は自分の担当する時間に合わせて現地に出向き、すぐに施術を始める。従って、そらいろ号のなかには、施術をせず待機しているだけの美容師がいない。

勤務時間中にアイドルタイムがないため、短時間であっても濃密に仕事ができる。別の仕事の合間を縫って月2、3回シフトに入ったり、子どもが夏休みの間だけ勤務したりする美容師もいて、多様な働き方を実現している。従業員と従業員の接触を必要最低限に抑えるとともに、従事できる時間の短い美容師でも活躍できるような態勢をつくったのだ。

いずれの事例にも共通するのは、「特定少数」をターゲットにし、サービスの提供時間をコントロールしている点である。

石川荘であれば、コスプレイヤー応援プランを打ち出して、コスプレイヤーの要望に沿うように一般客とは異なる時間にチェックインとチェックアウトをしてもらうようにした。日頃の疲れを癒したい一般客にアーリーチェックアウトを求めるのは、満足度の低下を招くおそれがある。しかし、コスプレイヤーの場合は頼まずとも早い時間にチェックアウトを済ませてくれる。明確なコンセプトを打ち出したことにより、行動パターンの異なるターゲットを獲得できたため、無理なく接触の削減に成功した。

移動福祉美容車そらいろのターゲットは高齢者施設に入居する高齢者である。施設側と定期訪問の契約を結ぶことで、全利用者の施術の日時を確定させている。不特定多数を相手にする一般的な美容室にはできないやり方だ。移動福祉美容車そらいろが顧客の行動をコントロールできた理由は、ターゲットを高齢者施設の入居者に絞ったうえで、顧客満足度の向上を図ったからだといえる。その結果、利用客が来店する時間や、当番以外の美容師が対面する時間をずらすことなどが可能になり、接触を減らせた。

接触減を実現したサービスの内容や提供プロセスは、自分にとってはメリットがなかったり、不自由だったりして受け入れ難いと感じる人もいるかもしれない。しかし、ターゲットにした特定少数の期待には見事に応えているのだ。

③長くする

時間の工夫の三つ目は、「長くする」である。

顧客や従業員の接触を削減するとすれば、営業時間を短縮するなど、企業活動を縮小させるほかないと考える人もいるかもしれない。これから紹介する2社の事例は、そうした縮小策を採るのではなく、サービスの利用可能な時間をむしろ長くし、人と人の接触を減らしている。

1社目は、書籍販売用の無人店舗を運営する㈲ならがよい（平田幸一社長、奈良県奈良市、事例10）である。近鉄奈良駅から徒歩で約6分の旧市街地にある「ふうせんかずら」には従業員がいない。会員制で、顧客は自分のＩＤを店の入り口で入力し、入店する仕組みである。立ち読みは自由で、購入したい本が決まったらセルフレジで代金を支払う。社長の平田さんによれば、会員になるのは無料だが入会時に個人情報を登録してもらっていること、店内では防犯カメラが24時間稼働していることから、これまで備品が壊されたり万引きされたりといったことはない。売れた商品の補充は随時行っている。常駐する従業員がいないため、従業員と顧客、従業員と従業員の接触がないことはもちろんだが、顧客と顧客の接触も削減できている。

ふうせんかずらのように駅から近い書店は、通勤や通学で鉄道を利用する人で夕方から夜にかけて混みやすい。一方、ふうせんかずらの営業時間は7時半から22時と一般的な書店に比べて長い。そのため、帰宅や下校のときだけでなく、出社や登校の前に利用することもできる。営業時間のなかで顧客が分散するため、密にならず安心して本を探せると平田さんはいう。また、無人である分、営業経費を抑えられるため、営業時間を長くしたからといって来客数まで増やさなくても経営は成り立つ。混雑することなく落ち着いて本を吟味してもらえる環境がつくれてよかったと平田さんは考えている。同社は来店できる時間を長くすることによって、時間当たりの来客数を少なくし、顧客と顧客の接触を削減している。

２社目に紹介するのは、オーダーメードで婦人服を販売するＤｒｅｘｙ　Ｃｏｍｐａｎｙ　Ｌｉｍｉｔｅｄ　Ｈｏｎｇ　Ｋｏｎｇ（矢上めい代表、香港、事例12）である。24時間どこからでも顧客が注文できるようにした事例だ。

洋服をオーダーメードする際は、顧客の身長や腹囲、胸囲、腕や足の長さなどを店員が対面で採寸するのが一般的である。一方、代表の矢上さんは、顧客が来店しなくて済むように、インターネットで注文できる態勢を整えている。まず、顧客にはメールやチャットを通じてつくりたい洋服の大まかなイメージを教えてもらう。例えば「サイズＭのワンピース。素材はコットンで、柄は無地」といった内容である。完成イメージに近い写真やイラストがあれば添付してもらう。次に、自分で採寸してもらう。体のどこにどのようにメジャーを当てて測ればよいか、18カ所に分けて詳細に解説したイラストをホームページに掲載しており、これを参考に顧客は採寸する。来店して店員に採寸してもらったわけではないのに、満足のいく仕上がりだと顧客から評判である。コミュニケーションはメールやチャットで行い、洋服は宅配で届けるため、接触は生じない。

営業時間の長さには業界ごとに常識的な基準があった。㈲ならがよいでは通常の書店より営業時間が長いことで、顧客は朝早くや夜遅くなどあえて人の少ない時間帯に利用することが可能になっている。これを支えたのはテクノロジーの進歩である。電子錠や防犯カメラ、キャッシュレス決済のシステムなどがなければ無人店舗は成り立たず、営業時間を長くすることもできなかった。

Drexy Company Limited Hong Kongは、店に行くのにかかるコストを抑え、自分好みの洋服にお金をかけたいと考える人のニーズを拾い上げている。メールやチャットなど、すでに普及しているインターネットサービスを使って、24時間いつでも注文を容易に受けられるようにしたことが奏功した。

いずれの事例企業も、活用しているのは高度な知識や最先端の技術ばかりではない。誰にでも使えるような機械やオンラインツールを活用し、時間の常識を覆すアイデアを実現させた。その結果、顧客の選択肢を広げて満足度を高めつつ、接触を削減している。

（２）空間の工夫

㈲ならがよいやＤｒｅｘｙ　Ｃｏｍｐａｎｙ　Ｌｉｍｉｔｅｄ　Ｈｏｎｇ　Ｋｏｎｇでは、機械やそれを動かすシステムなどのテクノロジー、インターネットを活用したオンライン化が時間の使い方を工夫するために役立っていることがわかった。これらは空間の使い方を工夫するに当たっても活用できそうである。

ここまで、一般的なビジネスモデルを意識しながら事例企業の取り組みをみてきた。同業他社の多くは、特定の場所に従業員や顧客が同時にいる前提で企業活動を行っていることが改めて浮き彫りになったといえる。人が時間をともにするだけでなく、同じ空間にいて初めて成り立つビジネスモデルをもつ企業が多いということである。しかし、企業活動で使用する空間を工夫して、接触減を果たしたケースもあった。時間の工夫と同様に①なくす、②ずらす、そして③広くするの三つに整理し、それぞれ事例とともに詳しくみていこう。

①　なくす

最初に挙げるのは空間をなくした事例である。例えば、新型コロナウイルス感染症が拡大してから、「ゴーストレストラン」と呼ばれる飲食店の例を耳にするようになった。宅配やテイクアウトを専門にし、顧客が集まる空間をなくしているわけだ。このように、人と人の接触を削減するためにリアルな空間をなくそうとする取り組みが増えている。そうしたなか、最先端のテクノロジーを使って空間をなくしている企業があった。

オーダーメード靴を製造するビネット＆クラリティ㈲（安田翔也社長、神奈川県横浜市、事例9）には、店舗がない。

オーダーメードで靴をつくる場合、通常は顧客に来店してもらって足を採寸する。靴職人が顧客の足の大きさを測定し、測定データをもとに靴型を手作業で製作するのだ。

同社の場合、足の大きさの測定方法や靴型のつくり方が異なる。顧客にはＡ４用紙の上に置いた自分の足をさまざまな角度から動画撮影してもらい、インターネット注文の際に添付してもらう。同社は独自に開発したプログラムにより、送信された動画から足の３次元コンピューターグラフィック（３ＤＣＧ）を作成し、３Ｄプリンターを使って靴型を製作する。靴型はこの先の工程を外注している靴メーカーに送り、完成した靴を郵送で顧客に届ける。

来店の必要がなく利便性が高いうえに、顧客の足を完全に再現した３Ｄモデルで靴型がつくれるので、完成品の寸法の精度も高い。さらに、採寸や靴型づくりの工程を省略しているので、一般のオーダーメード靴に比べ価格は半分程度である。

人の手による採寸が不要なため、同社には顧客を受け入れるための実店舗がない。靴型は３Ｄプリンターを使って作成するため、職人が集まる工房もない。社員同士は採寸したデータをインターネット上でやりとりしながら仕事を進めるため、１カ所に集まらずリモートで勤務している。本来は採寸や靴型製作に必要な人手を、動画から３ＤＣＧをつくるプログラムや３Ｄプリンターなどのテクノロジーで代替したことにより、店舗や工房がなくてもサービスを提供できるようにしたのだ。結果として、従業員と顧客、顧客と顧客、従業員と従業員のいずれの接触も削減できた。

さらに、小企業らしいニッチなニーズに応えるユニークな発想で、空間をとらえた事例もあった。㈱Ｒｏｏｔ（岸圭介社長、神奈川県南足柄市、事例11）は、農業体験サービスを提供している。利用者はスマートフォンアプリの「ＲＯＯＴ ＦＡＲＭ」を通じて、現実の農園を舞台に、自宅にいながら農業をゲーム感覚で体験できる。サービスの流れはこうだ。利用者はＲＯＯＴ ＦＡＲＭをインストールし、利用料を支払う。アプリには利用者が遠隔で農業体験ができるよう、さまざまな機能が用意されている。例えば、実際の畑で撮影された野菜の写真や動画の配信である。利用者は実際の畑が映った画面上で、自分のアイコンを自由に動かすことができる。ナスを育てている区画にアイコンを移動させれば、その日のナスの画像が表示される。最新の生育状況が毎日配信されるため、1年中畑を楽しむことができる。また、利用者同士で「そろそろ収穫ですね」といったチャットのやりとりを楽しむこともできる。収穫された野菜は、同社が登録先の住所に宅配で届ける。利用者が直接農園に行って収穫することも可能だ。

主な利用者は、野菜を育ててみたいと思っているが、マンション住まいで庭がない、近所に農業体験できる畑がない、畑の世話をする時間が確保できない、高齢なため体力的に畑の世話は難しいといった人たちだ。利用者本人に代わって実際の畑を管理するのは、社長の岸さんや農家の方々である。同社のアプリをインストールすれば、畑までの距離や農作業する時間を気にすることなく、いつどこにいても、まるで畑にいるかのような気分を味わえると利用者には好評である。

なぜこうしたユニークなビジネスを発想できたかというと、岸さんが農家の収益力向上について考えていたからである。岸さんには、1年間大学を休学して農業に携わっていた経験がある。その際、1平方メートル当たりの畑から得られる売り上げが作物ごとにだいたい決まっていて、付加価値を増やしにくいことを知ったという。そこで、畑という空間の有効活用を考えていたところ、デジタル技術を活用した農業体験サービスをひらめいた。農家は作物の販売以外の収益源を得られる。加えて、わざわざ来てもらわなくても利用者に農業体験を楽しんでもらうことができる。

農業を体験するには、従来は畑に足を運ぶのが当たり前だった。岸さんはこの当たり前に疑問を抱き、現地で畑いじりをすることだけがすべてではないと考え、畑に行かずにできる農業体験の仕組みを実現した。見知らぬ参加者同士が一緒に行動することはない。一度にどれだけたくさんの人がアプリを通じて集まろうと、実際に接触することはないのである。

サービスを提供する空間をなくしてしまうのは大胆な発想で、実現は難しいと感じられるかもしれない。それでも両社のように完成度の高いサービスを実現できたのは、こうしたサービスを必要とする顧客の存在にいち早く気づけたからではないだろうか。これら非接触で完結できるサービスは、コロナ禍を経て一層価値が高まっている。顧客ニーズの多様性を敏感に察知することが、先進的なビジネスを生み出すことを教えてくれる事例である。

② ずらす

本来は人を1カ所に集めて収益をあげるビジネスにおいて、人を集めるための空間を完全になくすのはハードルが高いと感じる経営者は多いかもしれない。ただ、まったくなくすわけではなく、ずらすことによっても接触の削減は実現できる。次に紹介するのは、従業員がサービスを提供する空間と顧客がサービスを受ける空間をずらす工夫により、特定の空間に人が集まらなくても営業できるようにした事例である。

シリコンバレーを拠点に活動する通訳業のＭｉｎａｋｉ Ｃｏｒｐｏｒａｔｉｏｎ（皆木寛樹代表、米国カリフォルニア州パロアルト市、事例2）は、オンライン通訳サービスにより、通訳者と依頼者とその交渉相手が世界中のどこにいてもコミュニケーションをとれるようにしている。

商談を通訳する場合、通訳者は依頼者に同行し、依頼者と交渉相手の間に立って話を訳すことが一般的だった。実際、メインの顧客である日本企業は対面でのコミュニケーションを好んだ。空間をともにすることで、場の雰囲気を共有したり、相手に礼節を示したりしたいといった考えがあるからだ。

一方、商談相手となる米国企業は、「初めまして」や「久しぶり」の顔合わせならともかく、いつもの相手と打ち合わせをするのならわざわざ出向かなくてよいと考えていた。米国は国土が広く、出張に多くの労力がかかる。シリコンバレーをはじめ米国にある企業では、同社の創業した２０１０年にはすでにオンラインでのコミュニケーションが多用されていた。同社は米国企業から、毎回会うのは負担なため非対面で打ち合わせできないか相談されたことから、創業と同時にオンライン通訳サービスを始めている。

依頼者に同行するのが基本の通訳業では、半日あるいは１日単位の料金体系が一般的だったが、同社は15分単位で利用できるプランを用意している。これにより、商談の当事者がどこにいても、短時間で気軽に打ち合わせすることができるようになった。オンライン上でのつながりであるため、従業員や顧客が接触することはない。

相手と同時に話しだしてしまったり、逆に遠慮して沈黙したり、接続の不具合が起こったりすることもあるが、10年以上取り組んできたことにより臨機応変な対応ができている。ハウリングを抑えるため、オンライン会議に利用するソフトウエアごとに対処方法を用意し、事前に関係者に案内を行うといった技術的なサポートも欠かさない。

関係者が１カ所に集まった方が、お互いに場の雰囲気や相手の発言のニュアンスを読み取りやすいといった利点はあるだろう。顧客に同行するのが当たり前であれば、対面サービスであることを問題に思うこともない。そうしたなか、同社は交渉相手の負担を解消できる、気軽に打ち合わせられるなどのオンライン化によるメリットを提示し、非対面という選択肢を与えることで顧客の満足度を向上させた。

また、オンライン通訳サービスの展開は、優秀な通訳者の確保にも一役買っていると皆木さんは語る。優秀な通訳者はフリーランスで活動していることが多く、仕事の自由度を重視する。オンラインであれば、通訳者はどこにいても仕事ができる。通訳者と依頼者は一緒にいなければならないという常識を覆したことで、同社は通訳者にとって魅力ある職場をつくることができた。今では日米をはじめ世界各国の優秀な通訳者約30人と提携している。質の高い通訳サービスを提供することで、シリコンバレーで存在感を発揮している。

ひな人形を販売する村山人形店（村山謙介代表、長野県松本市、事例８）も、顧客の負担解消や満足度向上を目的に非対面のサービスを取り入れ、空間をずらす工夫をした。ずらしたのは、来店できる顧客とそうでない顧客が利用する空間である。

村山人形店は１９４６年の創業以来、時間をかけた接客を大事にしてきた。来店客はスタッフに付き添われ、並んだひな人形の説明を受けながら店内を巡る。スタッフは顧客と対話し、希望のひな人形の顔や衣装、グレードなどを探りながら商品を薦める。既製品の販売だけでなく、オーダーメードにも注力してきた。代表の村山さんは、住環境が昔に比べて多様化したことで、ニーズもさまざまに分かれていると感じていた。そこで、ひな人形の仕様を顧客が決められるようにしたわけだ。ひな人形を贈られる子どもとその父母のほか、遠方にいる祖父母も総出で来店してくれることが多く、全員が納得して購入してくれるよう説明にも力が入る。

一方で、オンラインの活用にも取り組んでいる。ひな人形店の利用者の多くは、子どもや孫が生まれるというめでたいことがあり、お祝いを目的に、高い購買意欲をもっている人だ。買うこと自体に迷いはなく、どれにするか決めるだけという顧客が多いため、できる限り接客時間を短くし、多くの注文に応じられるようにするのが一般のひな人形店のセオリーであった。これに対して村山さんは、時間をかけて最適なひな人形を提案しつつ、販売効率を高めるにはどうすべきか考え、２０１８年にオンライン注文を導入した。

ホームページでは、人形のサイズや数のほか、着物の生地や色、台や屏風なども選べる。注文画面にはオーダー内容を反映した人形が表示される。選択する着物の色を変えながら、まるで着せ替え遊びをするようにどんなひな人形にしようか検討できて楽しいと顧客に喜ばれている。子どもと一緒に選んだ内容を両親が遠方の祖父母にオンラインで伝え、祖父母が孫への贈り物として購入するといったことも可能である。注文後には人形の着物のサンプル生地を送付し、店頭での商品選びに近づけている。さらに、２０２０年には、顧客とリモートで相談できる態勢を整えた。店内にあるひな人形を画面に映しながら、また、顧客から実際に飾る場所を見せてもらいながら、着物の柄や色の組み合わせなどを具体的に提案できるようになった。

村山人形店は、インターネット上にいわば二つ目の店舗を用意することで、行かなくてもひな人形を購入できるという選択肢を提示した。オンラインであれば、顧客は自分の都合のつくときに、じっくりと時間を使ってひな人形を選べる。ホームページで選べるひな人形のバリエーションが豊かであることや、リモートで相談できることによって、対面の接客によらなくても十分な情報を得られ、オンラインで購入する人は満足度を高めることができている。村山人形店にとっては店内の陳列スペースや来店可能な商圏といった空間の制約を乗り越えることにつながった。そして、小さな子どもを連れて行ったり遠方に住む祖父母にわざわざ来てもらったりするのは大変といった理由でできれば来店したくないと感じる人と、どうしても現物を確認したい人や対面で接客を受けたいという人が利用する空間をずらし、接触を削減している。

空間をずらした2社の事例からは、非接触という新しい選択肢を顧客に提示していることや、それによりサービスの質が落ちることのないよう、オンライン化に合わせた工夫をしていることがみてとれる。

③　広くする

最後に紹介する「広くする」とは、企業活動で使える空間を広げることで人を分散させ、結果的に接触を削減しているケースであり、発想としては前節で述べた時間の工夫における③長くすると同様である。

村山人形店でみたように、インターネット上のバーチャル空間の活用は所在地やキャパシティーによる制約を取り払う。オーガニック料理教室ワクワクワークを運営する㈱ごはんのこと（菅野のな社長、神奈川県川崎市、事例７）は、各家庭をオンラインでつなぎ、教室として使える空間を広くした事例である。

複数のキッチンユニットが並んだ部屋に生徒を集め、講師が手本を見せながら料理を教えていくのが一般的な料理教室のスタイルである。社長の菅野さんも料理教室に使える施設を借りて事業を始めたのだが、遠方の人でももっと利用しやすくしたいと考えた。

そこで、生徒と講師の自宅同士をオンラインでつなぎ、特定の場所に集まらなくても料理教室を開けるようにした。現在は、教室への通学かオンラインか受講方法を選ぶことができる。オンライン料理教室では、オンライン会議アプリを用いたリアルタイムの講義や撮影済みの動画配信を通じて、生徒も講師も自宅のキッチンを使って料理ができるようになった。

さらに、約100人がオンラインで集まり、夕食をつくるといった大規模なイベントを開催できるようにもなった。たいへん盛り上がったと菅野さんは喜ぶ。

リアルの教室は大きさに限りがある。数を増やしたり、広い場所に移ったりなどの拡大戦略はなかなか取りにくい。そうしたなか、離れた空間をオンラインでつなげることで、大きな空間をつくっているのだ。

オンラインによらずに空間を広くした事例もある。温泉を販売する㈱創泉コーポレーション（野頼健社長、神奈川県小田原市、事例6）は、温泉を楽しめる空間を増やした事例である。同社が販売するのは、有名な箱根・強羅地域の温泉だ。販売方法は二つある。一つは、創業時から行ってきた引き湯である。源泉から販売先の施設まで配管を通して温泉を流す。標高差を利用して自然流下させるため、引き湯できるのは、標高約700メートルにある同社の貯蔵槽よりも低い場所に限られた。

源泉にはまだまだ供給余力があり、もったいないと考えた社長の野頼さんは、もう一つの販売方法である宅配を開始した。中古のタンクローリーを用意したのと貯蔵槽から宅配用の温泉をくむ配管を追加したくらいで、始めるに当たって大きな苦労はなかったという。ただ、温泉といえば入りに行くものという先入観が強かったため、すぐに宅配の依頼が来ることはなかった。

そこで、家庭向けに1回お試し利用のキャンペーンを行って地道に実績を積み重ねた。自宅でも温泉が楽しめるという口コミが広がり、次第に宅配サービスが認知されるようになっていった。知名度が高まると、自治体や観光協会に営業しやすくなった。例えば、リゾートマンションを建てるときは、建築主側から自治体や観光協会が相談を受けることが多い。よくある内容が、引き湯ができない立地のため、温泉施設と提携できないかというものだ。そうした際、自治体や観光協会から建築主を紹介してもらえるようになり、売り上げは宅配を始める前に比べて約３割増えたという。

強羅地域の源泉を使って引き湯を行う業者は多いが、宅配しているのは同社だけなのだそうだ。利用者からは、温泉施設に出向かなくてもよい、自宅や別荘で温泉を独り占めできるなど好評だ。わざわざ不特定多数が集まる温泉に行かずに身内だけで楽しめる点が評価されているということである。自宅のお風呂を温泉に変えてしまう同社は、温泉は入りに行くものだという常識を覆し、温泉を楽しめる空間の容積を増やすことで接触を削減している。加えて、自ら届けに行くことによって、商圏も広げている。

ここまで時間と空間の使い方の工夫について、なくす、ずらすに加え、それぞれ長くする、広くするに分けてみてきた。12社の事例は、いずれも新型コロナウイルス感染症が拡大する前から自社らしいサービスを追求してきた結果として、接触を削減しても人との関係性を築けるビジネスモデルをつくっていた。次の第3章では、時間や空間の使い方を工夫したことによって、顧客にどのような付加価値がもたらされたのかをみていこう。

第3章　変革がもたらした新たな付加価値

事例企業は、接触を前提としたビジネスに一石を投じている。非接触を差別化の足がかりとしたことは、図らずもコロナ禍の今を先取りする結果になったといえる。そして、事例企業のビジネスは非接触だけが売りというわけではない。顧客に新しくもたらされた付加価値が存在するのである。それは何だろうか。事例から読み取ることができたのは、「いつでもどこでも」「自分のペースで」「人目を気にせず」の三つであった。

1　いつでもどこでも

新たな付加価値の一つ目は、「いつでもどこでも」商品・サービスの提供を受けられることである。まさに、時間や空間の制約を乗り越えたことにより生み出された付加価値といえる。

Ｍｉｎａｋｉ Ｃｏｒｐｏｒａｔｉｏｎ（事例２）では、オンライン通訳により、依頼者と通訳者がどこにいても商談できる。加えて、サービスは24時間３６５日利用可能である。これを実現するに当たっては時差をうまく利用した。皆木さんは、日米をはじめ世界各国に住む通訳者とのネットワークを築いている。そのため、例えば米国にいる通訳者が仕事を終えた夜であっても、昼を迎えている別の国に対応できる通訳者がいるというわけである。顧客は商談するのに都合の良い時間だけを考えて、いつでもサービスを利用できるのだ。

㈲ならがよい（事例10）では、運営する無人店舗の本棚を24時間３６５日ライブ配信している。スマートフォンやタブレットを使って、顧客はいつでもどこでも本棚を見ることができる。自宅でくつろぎながら、まるで実際の店内を回遊している気分になれると好評だ。さらに、オンライン注文も可能である。気に入った本が見つかれば店に行く必要もない。顧客からは、自分の部屋に大きな本棚があるかのようで、生活のなかのちょっとした空き時間に手軽に利用できると喜ばれている。

㈲ならがよいのライブ配信は、真夜中まで本棚を見られるようにしている。Ｍｉｎａｋｉ Ｃｏｒｐｏｒａｔｉｏｎは、世界中のどの時間帯でも通訳サービスを提供できる。経営資源が潤沢とはいえない小企業において、いつでもどこでもに対応するための人手を確保するのはなかなか難しい。この点、㈲ならがよいは無人で運営できる店をつくる、ＭｉｎａｋｉＣｏｒｐｏｒａｔｉｏｎは時差を利用するなどの工夫によって24時間３６５日営業可能にし、合わせてインターネットを活用することによってどこからでも商品・サービスにアクセスできるようにした。大きなコストをかけず「いつでもどこでも」を実現し、接触がなくても自社の存在を顧客にとってより身近にしているのである。

2　自分のペースで

接触の削減によって、商品・サービスを提供してもらうに当たり、顧客は従業員や自分以外の利用者と直接かかわらなくてよくなった。その結果、「自分のペースで」利用できるというのが二つ目の付加価値である。

自動販売機で海外クラフトビールを販売する㈱ドリンクアッパーズ（事例1）では、ビールに詳しくない人でも気兼ねなく購入することができる。通の人なら、従業員や他の顧客と、醸造所の歴史や使われている酵母などのビール談義に花を咲かせることもある。ただ、クラフトビール初心者は、そうした会話についていくほどの知識や興味関心をもっていないケースがほとんどだ。クラフトビールがディープな世界である分、店先での込み入った話を避けたい初心者にとって、自動販売機は自分のペースを維持できるありがたいツールなのである。

海外クラフトビールの缶に描かれた華やかなデザインにひかれ、試しに飲んでみようと考えた人は、気軽に購入できる点に満足する。また、試しに飲んでみて、商品のことをもっとよく知りたいと思った人がさらに満足できるよう、同社はホームページに商品の詳細情報を掲載している。

自社のホームページでひな人形のオーダーメード販売を行う村山人形店（事例８）では、顧客が心ゆくまで商品を選べる。ひな人形店の書き入れ時は、11月から年明けである。多くの来店客に対応するため、顧客一人ひとりの話をじっくり聞いて一緒に商品を選ぶ時間は短くなってしまうことがある。

村山人形店の場合、さまざまなバリエーションのひな人形やそれらの詳細な説明をホームページに掲載したり、リモートでの相談に応じたりすることで、店頭と変わらない接客サービスを実現し、顧客に満足を感じてもらえるようにしている。人形のサイズや着物の種類などオーダーメードで選べる組み合わせが多く、時間をかけてじっくり選びたい人は、ホームページの画面上で出来上がりのイメージを確認しながら、納得がいくまで吟味できる。購入したい商品が決まっている人にとっては、混雑する店に行かずにすぐ注文できるのもうれしい。

自分のペースで利用できることは顧客満足度の最大化につながっている。いずれの事例企業も売り手側の思いや都合を押しつけず、買い手側の事情に合わせるようにしていることがわかる。接触による販売に依存せず、自社のホームページや通販サイトを充実させることで、店頭で伝えきれない情報を補完したり、顧客一人ひとりが必要と考える情報にアクセスできたりする態勢を築いた。商品そのものだけでなく、その選び方についても顧客の選択肢を増やしたことが、「自分のペースで」を実現するためのポイントになっている。

3　人目を気にせず

三つ目は、「人目を気にせず」に済むということである。セオリーは、完全予約制にしたり個室や間仕切りを用意したりすることなどだ。今回取材した企業のなかには、ユニークな方法で実現している例もあった。

温泉を宅配する㈱創泉コーポレーション（事例6）の顧客は、自宅や別荘で温泉を味わうことができる。多くの温泉施設には、タオルを湯舟につけない、静かに入浴するなど守らなければならないマナーがある。不特定多数の人が集まっても、皆が心地よく使えるようにするためのものだが、その分、不自由もある。例えば、小さな子どもを連れている親は、子どもがはしゃぎすぎないよう注意していなければならないため、落ち着いて入浴できないということもあるだろう。一方、身内だけで温泉を利用できるなら、他人の目を気にすることなく、子どもを好きなように遊ばせることができる。自分一人なら湯舟につかって大きな声で歌をうたってもよい。他人に体を見られたくないという人も心置きなく温泉を楽しめる。

オンライン専門でオーダーメードの婦人服を取り扱っているＤｒｅｘｙ Ｃｏｍｐａｎｙ Ｌｉｍｉｔｅｄ Ｈｏｎｇ Ｋｏｎｇ（事例12）の顧客は、自分自身で採寸する。採寸のために店に行く必要がないので、一般的なオーダーメードと違って、店にいるほかの客に会うことも、店員に体を触られることもない。他人と接触したくないという人にとって、同社のサービスは心理的な負担なく利用できる。

顧客が周りの目を気にしないで済むようにするには、顧客ごとに時間と空間を隔離する必要がある。一度に複数の顧客を相手にする方が企業としては収益力が高まるわけだが、店舗や個室を増やして複数の空間を用意するには大きなコストがかかる。小企業にとってはチャレンジしにくい方法だ。そうしたなか、㈱創泉コーポレーションは顧客の所有する空間を使うことで、また、Ｄｒｅｘｙ Ｃｏｍｐａｎｙ Ｌｉｍｉｔｅｄ Ｈｏｎｇ Ｋｏｎｇは採寸を顧客自身に任せることで、大がかりな投資をせずに顧客が「人目を気にせず」に済む環境をつくっているのである。

本章で挙げたいつでもどこでも、自分のペースで、人目を気にせずという付加価値に対する顧客のニーズはなかなか表に現れず、顕在化しにくいものだった。では、なぜ事例企業は潜在的なニーズを拾い上げてビジネスモデルを変革することができたのだろうか。第４章では、動機やきっかけをはじめとする変革のプロセスを明らかにしたい。

第４章　変革のプロセス

本章では、事例企業が非接触型のビジネスモデルを築いたプロセスをみていく。まず、ビジネスモデルの変革に着手した動機やきっかけを探る。次に、変革に当たってどのように経営資源を調達したのか整理する。最後に、接触型のビジネスに比べ、低コストで事業を運営できるようになった点に着目し、その背景を考える。

１　動機・きっかけ

コロナ禍を経験し、ソーシャルディスタンスを意識して人と人の接触の削減に向けた取り組みを始めた企業は多い。感染拡大の防止という避けて通れない目的があったからだ。対して、本書で取り上げた事例企業12社が非接触型のビジネスモデルを築いたのはコロナ禍の前である。

わざわざ従来と異なるやり方を選んだ動機やきっかけはどういったものだったのか。事例企業を詳しくみると、「悩みの解決」「ひらめき」「外部からのヒント」の三つのパターンを指摘できる。

(1) 悩みの解決

最初に注目したいのは、経営上の悩みを解決しようとしたことがビジネスの変革につながっている点である。

石川荘（事例３）が旅館を営む那須高原は、夏に避暑地として多くの観光客でにぎわう一方、冬は寒さが厳しく雪も降るため、めっきり人が減る。冬に休業する同業他社もあるほどで、石川荘では１カ月の宿泊客数が１桁ということもあった。

冬も来てくれる顧客は誰か。そこで着目したのがコスプレイヤーだった。雪景色はコスプレイヤーにとって絶好の撮影スポットになるし、那須高原は東京から新幹線で約1時間、車で約3時間とアクセスが良いので衣装を持っての移動も楽だと考えた。

冬の集客に苦労していなければ、コスプレイヤーに目を向けることはなかっただろう。そして、従来とはニーズや行動パターンが異なる顧客をターゲットに加えたからこそ、旅館や周辺施設といった空間の新たな活用方法を見つけ、コスプレイヤー応援プランという新たな宿泊プランの導入につながったといえる。

富山県にある食品スーパーの㈱黒崎鮮魚（事例5）は、富山で一番の魚が手に入るとプロの料理人から評判になり、飲食店向けの卸売りが増えていた。それ自体はうれしいことだったが、目当ての魚の有無を電話で尋ねられることも増え、やりとりには1件で10分以上かかることもあった。人気店ゆえに電話での問い合わせに対応しきれなくなっていたのである。多くの魚を用意している同社でも要望に応えられないケースはあり、費やした時間がお互いにとって無駄になってしまうことがあった。

言葉で説明するとなると時間がかかる。しかし、売り場を見てもらえれば一瞬で済むではないか。それに気づき、鮮魚のショーケースのライブ配信を始めたのである。事前に商品や価格などの情報が詳しくわかる仕組みはないか、言葉でのコミュニケーションに勝る情報伝達手段を模索した結果、接触することなくお互い時間を有効活用できるサービスが生まれたというわけだ。

ここで紹介した２社が取り組んだのは、集客力のアップや事業の効率化、顧客満足度の向上など、どのような企業も大なり小なり考えている普遍的な課題といえよう。斬新なのは、従来は気にしなかった時間や空間の使い方に目をつけた点である。石川荘が立地を変えられない代わりに既存空間の利用者を変え、㈱黒崎鮮魚が言葉で説明する代わりに通信端末の画面を見てもらうようにして時間を省いたように、悩みを解決するために時間や空間の活用方法の常識を疑ったことがビジネスの変革につながったのだ。

⑵ ひらめき

以前からの悩みに対処したのとは対照的に、これまでになかった商品・サービスを新規にひらめいた企業もある。

移動福祉美容車そらいろ（事例４）を創業する前のこと、代表の長山さんは老人ホームに入居していた祖母を美容室に連れて行ったことがあった。本人のたっての希望でありとても喜んでもらえたのだが、後から、実は施設で散髪したばかりだったと聞き驚いた。ブルーシートの敷かれた会議室に入居者が集まって近所の美容師に散髪してもらい、体に残った細かな髪の毛を洗い流すためお風呂に直行するという行事が、ちょうど3日前にあったらしい。

いくつになってもおしゃれはうれしいもので、高齢者施設の入居者にももっと楽しんでもらえる美容サービスがあってよいと考えた長山さんは、新聞販売店を経営する傍ら、移動福祉美容車の開発に着手した。新聞と同じように、美容室を顧客のところに届けたらよいとひらめいたのである。新聞販売店の経営経験があったことだけでなく、美容業を未経験だったことも幸いした。美容室は顧客が訪ねる場所だという固定観念にとらわれなかったことこそ、斬新な発想ができた理由といえよう。

ビネット&クラリティ㈾（事例9）は、これまでにない靴のオーダーメードにたどり着いた。なぜ靴だったかというと、靴づくりが趣味の従業員が主導したからである。ただ、注目すべきは、同社がもともと機械学習、最適化、３Ｄモデルの三つの技術を使って、事業の効率化や新商品開発を支援するビジネスを展開していたことである。

同社は「東工大発ベンチャー」認定企業であり、社長の安田さんをはじめ、主に東京工業大学で博士号や修士号を取得したメンバーが中心になっている。情報技術に強い同社なら、人工知能（ＡＩ）の機械学習によって足の画像から実物のサイズを自動で測定したり、測定したデータから３Ｄモデルを作成したりできる。足の長さやかかとの幅などの組み合わせから、最も履き心地が良くなる形状に靴型を最適化することも可能だ。店舗をもたず、顧客と非接触で靴を仕上げる画期的なビジネスを実現するだけの先進的テクノロジーを、同社はもっていたわけである。

このように、ひらめきによって生み出されたアイデアを具現化させるには、新しい技術を必要とするケースがある。移動福祉美容車そらいろでは群馬県初となる移動美容車の開発、ビネット&クラリティ㈻では先進的な三つのテクノロジーの活用によってビジネスが成立している。これらの事例からは、技術の進歩が従来とは異なる時間や空間の使い方を可能にし、ビジネスの変革を後押ししたことがわかる。

また、新しい商品・サービスをひらめいた後、移動福祉美容車そらいろの場合は、トラックの改造や許認可の取得に2年もの歳月をかけた。ビネット&クラリティ㈻は、靴のオーダーメードを利用した経験のある人や靴職人の協力を仰ぎ、納得のいく靴を完成させられるようになるまで何度も測定と試作を繰り返した。アイデアの発想力もさることながら、新しいことへのチャレンジ精神や事業化までの息の長い取り組みが重要であることも、これらの事例から学ぶことができる。

(3) 外部からのヒント

顧客の声や別の企業の取り組みを参考にするなど、自社の外からヒントを得てビジネスの変革に着手したケースもある。

オンライン通訳サービスを手がけるＭｉｎａｋｉ Ｃｏｒｐｏｒａｔｉｏｎ（事例2）の創業地である米国は、とても国土が広い。国内出張といえども移動距離によっては多くの時間と労力を費やすため、すでに２０１０年代の米国のビジネスシーンではオンラインのコミュニケーションが普及していた。実際、代表の皆木さんは、クライアントの企業にとっての商談相手だった米国企業から非対面で打ち合わせできないか打診され、通訳サービスへのオンライン導入ニーズは大きいと察知した。

オンライン化の後も、顧客の声に耳を傾けサービスの体系を進化させている。例えば、オンラインなら定期・不定期に短時間の打ち合わせがしやすくなるという声を取り入れ、15分単位の料金体系で利用できるようにしたり、月末一括払いや前払いを選べるようにしたりした。対面か非対面かでサービスの使い勝手が変わることをよく認識していたわけである。㈱黒崎鮮魚がショーケース内の鮮魚を遠隔で確認できるようにしたきっかけは、前述のように電話による問い合わせの対応に苦慮していたからばかりではない。ショーケースをライブ配信するという具体的なアイデアは、別の農産物直売所で行われていたカメラ設置の実証実験をヒントに発想した。

学生時代に経営学を学んでいた社長の黒崎さんは、父から会社を継いで以来、競争構造を把握するファイブフォース分析などのフレームワークを使って自社を分析したり、ビジネスの流行や他社の取り組みを吸収したりして業績を伸ばしてきた。鮮魚の分野に限らず広く情報に対してアンテナを張り巡らせていたことが、ライブ配信というブレークスルーにつながったわけである。

時間や空間の使い方のヒントは、経営者や従業員など社内だけでなく、顧客や他社の取り組みなどにもあることが2社の事例からわかる。ただし、いずれの事例も顧客の声や他社の取り組みをそのまま取り入れたわけではない。Ｍｉｎａｋｉ Ｃｏｒｐｏｒａｔｉｏｎは、単に通訳をオンライン化しただけでなく、短時間のちょっとした打ち合わせにも活用してもらえるようサービスの高度化を図った。㈱黒崎鮮魚は、ライブ配信を見れば魚の品質まで確認できるよう高解像度カメラを16台使用したり、在庫数もわかるようPOSシステムと連動させたりした。情報収集によって得たアイデアを単に模倣するのではなく、自社の特長を伸ばすために独自のエッセンスを加えていくことが欠かせない。

2　経営資源の調達

ビジネスを変革するきっかけをつかんだり十分な目的意識をもてたりしても、いざ実行するにはいわゆるヒト、モノ、カネなどの経営資源が必要である。ここからは、事例企業がどのように経営資源をそろえたのかみていこう。

(1) 経営資源の流用

まず、既存事業のために使っていた経営資源の一部を、新しく始めるビジネスに流用したケースである。

㈲ならがよい（事例10）の社長の平田さんは、本のフリーマーケットをよく開催していたのだが、これを常設したい、また、地域にないようなオリジナリティーのある書店をつくりたいと考え、書籍販売用の無人店舗を立ち上げた。無人にしたのは、以前から同じく無人でシェアシアターを運営していたからだ。

シェアシアターは、利用者が作品を持ち寄って鑑賞できる映画館である。事前に個人情報の入力や支払いを行い、受け取ったＩＤで入り口のロックを解除して施設を使う。映画の登場人物が味わう料理と同じものを食べながら鑑賞したり、アイドルのファン同士でライブ映像を見て盛り上がったりと自由に利用されており、体験談がＳＮＳで広がってさらに利用者が増えるという好循環を生んでいた。

部屋を汚されたり機材を壊されたりなど防犯面の問題もなかったことから、無人の書店も実現可能だと判断し、シェアシアターに使っていた無人システムを書店向けにカスタマイズして使用した。このように、すでに保有するノウハウを生かすことができればビジネスモデルの変革をスムーズに行うことができる。

海外クラフトビールを飲食店向けに卸売りしていた㈱ドリンクアッパーズ（事例１）は、卸売りの発送作業を行うための場所で小売りも始めた事例である。同社は卸売りの経営が軌道に乗ってきた頃に倉庫を借りた。人通りが多い道に面しており、前面がガラス張りになった物件だったため、以前からやってみたいと思っていた小売店を出すのにもぴったりだと考えた。

しかし、ビールを保管する大型冷蔵庫を設置し、ラベル貼りや梱包などの作業を行う目的で物件を確保したため、商品ケースやレジを置くほどのスペースは残っていなかった。本格的な小売店を開くのでなければ、新たに人を雇えるほどの売り上げは見込めない。かといって発送作業をしている従業員が小売りをかけもちするには、商品の説明や会計など接客業務の負担は大きすぎる。そこで、自動販売機を導入し、倉庫物件のほんの一部を設置場所として流用した。

そもそも小売りを始める目的は、通りすがりの人などビールに詳しくない人でも、込み入った話をされず気軽に海外クラフトビールを手に取れるようにすることだった。ならば、小さいスペースでも構わないし、自動販売機を使って接客を省略してもよいのではないかと気づいたのだ。

㈲ならがよいや㈱ドリンクアッパーズは、同業他社とは異なる販売方法にチャレンジする過程で、すでに自社にあった経営資源を流用することで生かし切った。ビジネスモデルの変革は、店員の目を気にせず自由に本を選べる、気軽に海外クラフトビールを飲めるなど、他社が提供していない付加価値を生んだ。これまでにない付加価値を追求する姿勢が既存の経営資源に対する見方を変え、新たな使い道を開発することにつながったといえる。

（2）経営資源の発見

手元にある経営資源を流用したのに対して、そもそも経営資源として意識していなかった資源に、実は利用価値があることを発見したケースもあった。

那須高原にある旅館の石川荘は、コスプレイヤーをターゲットに据えたとき、従来の宿泊客の目に留まらなかった地元の景観が絶好の撮影スポットになることを発見した。例えば高原の雪景色である。従来の石川荘では夏に宿泊客が集中しており、避暑を目的とした利用がほとんどだった。夏は涼しくて快適な時間を過ごせる広い高原が宿泊客のニーズを満たしたわけだが、冬は寒さが厳しく雪景色は何の売りにもならなかった。一方、ファンタジーのキャラクターに扮するコスプレイヤーは、非日常的なシチュエーションを好む。東京や横浜など関東平野にある大都市は、冬でも降雪がほとんどない。そうした場所に住むコスプレイヤーにとって、那須高原は雪景色が見られる場所の一つとして需要があると気づいたのだ。しかも交通のアクセスが良い。

実際に石川荘は雪景色を求める多くのコスプレイヤーを呼び込むことに成功し、通年で繁閑の差がなくなった。雪景色が売りになると気づいたのは、自身がコスプレイヤーである従業員の平野さんだった。ターゲットとする顧客の目線で自社の周辺を見渡したとき、新しい絶好の経営資源が見つかったのだ。

移動福祉美容車そらいろの長山さんは、美容業のノウハウが一切ないにもかかわらず、なぜ美容師をスムーズに確保できたのだろうか。店舗型の美容室の多くは、一日中勤務できる美容師を求める。店を開けている時間が長いほど、売り上げをあげやすいからだ。アルバイトにしても、予約が集中しやすい週末や祝祭日、仕事帰りの夕方ごろにシフトを入れることができる人は歓迎される。また、美容師として流行のおしゃれについていくための自己研鑽《けんさん》は、終業後に行うことがほとんどだ。そのため、結婚や子育てなどで働くのをやめてしまう美容師は多い。美容師の資格を生かして働きたいがフルタイムでは難しい、あるいは若い美容師と同じ職場で最新のおしゃれを追い続けられるか不安があるなどの理由で、復帰をためらう人も多いと長山さんは聞いたことがあった。

そらいろ号ならこうした美容師の受け皿になれるのではないか。訪問先の施設とはあらかじめ訪問日時を契約で定めているから、施術に必要な時間や美容師の人数を事前に把握しておける。そのため、それぞれの美容師の都合に合わせてシフトを組める。長山さんは短時間でも美容師として腕を振るえることや、現地集合、現地解散で構わないため拘束時間を抑えられることなどをアピールし、普通の美容室ではあまり歓迎されないような短い時間しか働けない美容師をターゲットに求人し、見事に必要なスタッフを確保した。そらいろ号は、一日中働きたい人には向かないかもしれないが、働ける時間が限られた人にはこれまでにない労働環境を提供できる。自社のビジネスモデルの特長を理解していたことが、効率良い求人につながっている。

石川荘は、コスプレイヤーをターゲットにしなければ、雪景色に価値を見いだすことはなかった。移動福祉美容車そらいろは、あらかじめ施術時間を決めていたからこそ、資格をもちながら働いていない美容師を戦力として活用できることに気づいた。ビジネスモデルを変革するなかで経営資源を発見し、ユニークな時間や空間の使い方を実現したわけである。さらに、発見した経営資源は、石川荘でいえばアニメやゲームの世界のような非日常的な空間で撮影できる、移動福祉美容車そらいろでいえば施設に入居していては味わうことができないと考えていたおしゃれを楽しめるなど、ビジネスモデルを変革したからこそ生み出せた新たな付加価値の源泉になっている。

（３）外部の経営資源の活用

小企業が必要な経営資源のすべてを内部でまかなうことは難しい。そうであれば、周囲の助けを借りるのも大事である。

靴のオーダーメードを手がけるビネット&クラリティ㈲は、メーカーや靴職人と協力し、サービスを軌道に乗せた。靴づくりが趣味の従業員の主導でオーダーメード事業の企画は始まったが、靴づくりとITを融合するシステムを開発するにはそのための新たな研究開発体制が必要だった。「東工大発ベンチャー」認定企業である同社は、靴職人やメーカーのほか、主に東京工業大学で博士号や修士号を取得したシステム開発者や技師装具士などの専門家を研究開発メンバーに迎えた。

靴職人やメーカーには、開発に協力してもらうだけでなく、実際に靴を仕立てる工程を外注している。オーダーメード開始当初は同社で縫製までしてみたこともあったが、見た目を美しくしたり、耐久性を高めたりする技術でメーカーや靴職人に追いつくのは難しいと考えたからだ。開発や製造で協力してもらう代わりに、履き心地を科学的に分析する研究会を立ち上げることで協力し、ウィンウィンの関係を築いている。同社は科学的な分析やデザイン、自動化に専念し、職人たちは長年の経験で培った技術力や感覚を生かす。役割を分担し、お互いが得意分野で強みを発揮しているからこそ、非接触で靴のオーダーメードを手がけるという斬新なビジネスを展開できたのである。

温泉の宅配を手がける㈱創泉コーポレーション（事例６）は、配管を通す引き湯の方法だけでは売り切れなかった温泉水を活用し、引き湯ができない遠方の販売先を増やしていった。コロナ禍に入ると、身内だけで温泉を楽しみたいというニーズが大きくなり、宅配の依頼は増加した。そのため、販売量が所有する源泉から供給可能な量の上限に近くなる日もあった。そこで、同社はほかの温泉販売会社と協力することにした。現在は、同じ箱根町にある二ノ平温泉や隣町にある湯河原温泉の企業と、温泉を融通し合う態勢を整えている。供給量の問題を解決しただけでなく、販売先に従来と異なる新たな泉質の温泉水を提案できるようになった。泉質の違う温泉を商品のラインアップに加えられるという点は、協力相手の企業にとっても魅力であり、良好な関係を築けている。

引き湯だけを行っていたとすれば、同業者は顧客を取り合うライバルにすぎず、お互いに連携することはなかっただろう。温泉を宅配で届けるというビジネスモデルがあったからこそ、他社の所有する源泉を活用するというアイデアが実現できたわけである。

ビネット＆クラリティ㈾や㈱創泉コーポレーションは、ビジネスを成立させるために足りない資源は何か、それは誰がもっているのか、協力を得るにはどんなメリットを提供すればよいかを考えたうえで、ピンポイントで外部の協力者にアプローチしていたことがわかる。

ここまで、事例から読み取れた経営資源の確保の仕方を「経営資源の流用」「経営資源の発見」「外部の経営資源の活用」の三つに分けてみてきた。事例に共通するのは、経営資源ありきで何ができるか考えたわけではなく、実現したいビジョンが先にあったということである。

目的をはっきりさせれば、手段としてどういった経営資源が必要になるかみえてくる。各事例企業が利用している経営資源として本節で挙げたのは、ビールの倉庫物件にある小さな空きスペースや那須高原の雪景色、短時間しか働けない美容師や離れたところにある源泉の温泉水など、いずれも他社が目を向けていなかった資源だ。ビジネスモデルに合わせて経営資源を探ったからこそ、流用できること、思いもよらない価値があること、資源を提供する側にもメリットがあることなどを知ったのである。結果として、大がかりな投資をせずに経営資源をそろえ、ユニークなビジネスモデルを構築することができている。

3　コストマネジメント

ここまで、時間や空間を見直すことで新たな付加価値を提供する企業の取り組みをみてきたわけだが、収益を安定させるという観点でみても特徴がありそうである。端的に言えば、非接触のビジネスモデルをとることによって、コストの削減が可能だということである。事例企業のコストマネジメントに注目してみると、「コストの予見」と「工程の選択」の二つの行動がポイントになっていることがわかった。順にみていこう。

（1）コストの予見

コストの予見とは、あらかじめどれくらいの費用がかかるか見極めることである。具体例として三つの事例を挙げたい。

高齢者施設の入居者に美容サービスを提供している移動福祉美容車そらいろは、訪問するすべての施設と事前に訪問日時や利用人数を決めている。そのため、稼働予定に合わせてドライバーや美容師一人ひとりの勤務シフトを決められる。店舗を構える普通の美容室であれば、予約が入っていない時間帯でも店を開け、一定数以上の従業員を置いておかなければならない。家賃も給料も支払う。しかし、移動福祉美容車そらいろでは不特定多数との接触を避けたことで、こうしたアイドリングコストがほぼゼロになった。各スタッフの稼働率は百パーセントに近い。

石川荘では、コスプレイヤー応援プランの利用者のうち半分が、チェックアウト時に次の予約を入れていく。リピーターが増えたおかげで先々まで稼働予定を把握できるようになり、従業員の勤務シフトを組みやすくなったという。また、準備する料理についても見通しが立ちやすくなり、食材の利用効率を高める献立づくりが可能になった。廃棄ロスも減り、以前より仕入れコストを抑えられるようになった。

ひな人形のオーダーメード販売を始めた村山人形店（事例8）は、顧客の注文が確定してから製作を開始するため、ひな人形という季節性の高い商品を扱いながらも売れ残りを防げるようになった。材料をストックしておく必要性が低くなり、余らせてしまう心配もない。その結果、材料と製品の在庫管理が効率化され、コスト削減につながった。

コストを予見できたのはなぜだろうか。移動福祉美容車そらいろの場合は、どの施設を訪ねるか、入居者のうち何人がサービスを利用するかあらかじめ確定しているからだ。石川荘がターゲットにするコスプレイヤーは、アニメやゲームの流行に遅れないように先々まで撮影の計画を立てていることが多い。コスプレイヤーを顧客に取り込んだからこそ、石川荘は必要な人手や食材の量を把握しやすくなった。村山人形店の利用者には、じっくり時間をかけて自分の好みや住環境に合ったひな人形を選びたいと考える人が多い。オーダーメードの場合、注文を受けてから製作に取りかかれるので、売り上げとコストを同時に確定できる。

これらの事例からわかるのは、商品やサービスを利用する目的やサイクルが似通っている特定少数をターゲットにすることで、コストを予見しやすくしていることである。予見しやすくなれば、それに合わせて調達方法を工夫し、稼働率を上げてアイドリングコストを抑えることができる。時間や空間の使い方を見直すなかで、ターゲットが絞られたことによる副次的効果といえよう。

(2) 工程の選択

コストマネジメントの二つ目の方法は、工程の選択である。商品やサービスを提供するプロセスの一部をなくしたり、短縮したりすることである。自社が得意とする工程に人材や資金を集中すれば、それだけ生産や販売の効率が上がる。ここでも3社の事例を紹介したい。

1社目は、靴のオーダーメードを手がけるビネット&クラリティ(同)である。同社は当初、測定から製作までのすべてを担っていたが、現在は材料の調達や加工を必要とする製作の工程は外注し、測定や履き心地の科学的な分析、デザインに専念している。材料の仕入れや加工は専門家に任せることで、全体として生産に必要なコストを抑えているのである。先ほど村山人形店の例で指摘したとおり、オーダーメードにはコストを予見するうえでメリットがあるが、ビネット&クラリティ(同)のように、オーダーメードの工程を分解し、自社の得意な工程に特化することで、さらに効率的なコストマネジメントが可能になる。

海外クラフトビールを販売する(株)ドリンクアッパーズは、小売業に進出するに当たって、自動販売機を導入した。商品を保管する冷蔵庫を置いていた倉庫の空きスペースに設置したため、新たに場所を借りる必要はなかった。接客の工程を省いているので、従業員を増やすことなく小売りに参入できたわけである。自動販売機は購入したわけだが、投資額は高額でもなく1年もあれば回収できるため、従業員を雇うよりはるかに安く済む。

(株)黒崎鮮魚は鮮魚のショーケースをライブ配信することで、目当ての魚があるかという電話での問い合わせに対応する時間や手間を削減した。その分、売れ行きに応じた品出し、魚の調理や加工を行う態勢を充実させた。その結果、売れ残りが減り、廃棄にかかるコストを削減できた。

ビネット&クラリティ(同)はAＩや3Ｄモデル、(株)ドリンクアッパーズは自動販売機、(株)黒崎鮮魚はカメラと映像のライブ配信を活用している。3社はそれぞれ、従業員の作業の一部をＩＴや機械で代替したことによって、一般的な接触型のビジネスモデルに比べて人件費や家賃などのコストの抑制に成功している。時間や空間をより効率的に活用しようとする結果、自社が手がける工程を合理的に選択することになったのである。コストの予見の場合と同様に、工程の選択も、時間や空間の使い方を見直した副次的効果といえそうである。

事例企業はコストの予見や工程の選択を通じてコストマネジメントを進めたことにより、家賃や人件費など固定費用の総額、そして仕入れをはじめとする変動費用の売り上げに対する割合をなるべく抑え、利益を生み出しやすい態勢を整えていた。非接触型のビジネスモデルをとることによって、接触型に比べて売り上げをあげる機会自体は減ることになるかもしれない。しかし、収益率は向上することが期待できる。時間や空間を切り口にビジネスを見直すうえでは、新たな付加価値を実現することはもちろん、コストマネジメントの観点から収益をシミュレーションし、事業の持続可能性を考えておくことも大事である。

第５章 非接触型ビジネスからの学び

ここまで、時間や空間の使い方の常識を覆した事例企業の独創的な思考に着目し、接触を減らした手法や新たに提供できるようになった付加価値、変革のプロセスを紹介してきた。出来上がったビジネスモデルが非接触型であることは、あくまで時間や空間の使い方を工夫した結果の一つにすぎない。眼前の経営課題に対処したり新たな商品やサービスを開発したりする過程で時間や空間の使い方の常識を疑い、これまでにない付加価値を追求してたどり着いたビジネスモデルが非接触型だったのである。そして、接触の削減を実現したからこそ明らかになったことがある。従来の接触型のビジネスと同様に、事業を運営するうえで人が大切な役割を果たすということである。

事例企業では、従来の接触型のビジネスと比べると接客や社内の打ち合わせをはじめとして、人同士が行う作業は少なくなっていた。非接触型のビジネスにおいては、人の労力を必要としなくなった分、従業員が不要になると考えるのが普通だろう。しかし、12社を取材し、従業員を増やした企業はあったが、減らした、あるいは減らす予定だという話は聞かなかった。コストマネジメントについて取り上げた第4章の最終節では、商品やサービスを提供するための工程の一部をなくしたり短縮したりすることで、少人数で効率的に事業を運営する企業を紹介した。非接触型のビジネスモデルは、限られたマンパワーの有効活用を可能にしているといえる。

例えば、ビネット&クラリティ㈾（事例9）は、ＡＩや３Ｄモデルなど先端技術を活用し、機械学習や最適化などに関する研究開発や靴のオーダーメード、遠隔測定サービスなど複数の事業をたった二人で手がけている。海外クラフトビールを販売する㈱ドリンクアッパーズ（事例１）では、来店客が自動販売機で購入するので接客はいらない。従業員は接客の代わりに、新しい商品を仕入れるための醸造所の開拓や卸売り先への営業に力を注ぎ、バラエティ豊かな商品構成の実現と売り上げの向上を支えている。ショーケースのライブ配信を始めた㈱黒崎鮮魚（事例５）では、顧客からの問い合わせが減ったため、従業員は品出しや調理などに集中できるようになった。オペレーションが円滑になったことにより、これまで以上においしい魚をそろえて顧客に提供している。㈲ならがよい（事例10）では、運営している書店をＩＴにより無人化しているため、社長の平田さんをはじめ従業員は、もともと本業だった人材コンサルティングの顧客開拓や高度化に注力することができる。さらに、同社の従業員は店番やレジ打ちなどをしないで済む代わりに、得意な料理づくりを生かし、無人書店のスペースを使って定期的におむすび店を開いている。新しい事業が加わることで、無人書店は単なる書店にとどまらない、ユニークな空間になっている。

非接触型ビジネスというと人の存在が感じられなくなるように思えるかもしれないが、各社の事例からは、ビジネスの要所に人の存在がはっきりと感じられるのである。この点について、㈲ならがよいの平田さんは次のように語っている。

「店が無人になっても、従業員が要らなくなるとは考えていません。むしろ、単純な作業から解放された人をどう生かすかが問われると思います」。非接触型のビジネスモデルは人を不要にするのではなく、むしろ人の活躍する場面をより明確にするのである。そのメリハリがさらなるビジネスチャンスにつながるわけだ。

コロナ禍によって、非接触型のビジネスが大きく注目されるようになった。非接触型のビジネスモデルをいち早く取り入れていた事例企業は、コロナ禍が経営に与えるダメージを小さくすることができたといえる。

多くの宿泊業者がコロナ禍によって大きな打撃を受けているが、石川荘（事例３）はコスプレイヤーの需要を取り込むことができたおかげで、客室すべてが埋まる日も多々あるという、業績は回復に向かっている。温泉を販売する㈱創泉コーポレーション（事例６）の野頼さんによれば、コロナ禍でも特に影響は受けなかったという。一般的に考えれば、温泉販売の業績は、コロナ禍のなか観光業や宿泊業と連動して悪化しそうであるが、旅館や温泉施設以外にリゾートマンションや別荘など新たな販売先を開拓していたことが奏功した。ライブ配信の導入によりオンラインで品ぞろえを披露できるようにした食品スーパーの㈱黒崎鮮魚は、コロナ禍を追い風に業績を伸ばした。顧客はライブ配信を活用して、商品を探す時間を省いたり、取り置きを依頼したりできる。３密を避けて安心して買い物できることが顧客に評価されたのである。

コロナ禍を経験した今、非接触型のビジネスは一定程度の市民権を得たといってよいのではないだろうか。今後、感染が収束したとしても、会わなくてよい、行かなくてよいなど、非接触であることの価値が忘れられることはなさそうである。事例企業はすでにアフターコロナを見据え、非接触ビジネスの新たな展開を模索し始めている。

移動福祉美容車そらいろ（事例４）の長山さんは、訪問美容サービスを軌道に乗せた経験から、美容室以外のさまざまなサービスを高齢者向けにカスタマイズしたいと考えるようになった。例えば、コロナ禍で注目された料理の宅配である。長山さんは実際に利用してみて、インターネットでの注文を難しく感じる高齢者もいるのではないかと気づいた。そこでこの問題を解決して、誰でも利用しやすい料理の宅配サービスを生み出そうとしている。

ＭｉｎａｋｉＣｏｒｐｏｒａｔｉｏｎ（事例２）の皆木さんは、リモートワークの定着をきっかけに、人々の間で働く時間や空間の認識が変わり始めていることに目をつけた。浮いた時間を活用して副業にチャレンジする人が増えていることである。そこで、世界中の人が通訳や外国語のレッスン、ホームページ制作など、得意分野を生かせる仕事を見つけられるようにしたいと考えた。皆木さんはインドのＩＴ技術者と協力して、ユニークなスキルをもった人たちが集まってその能力を提供できるプラットフォームの開発に取り組んでいる。

時間にも空間にも限りがある。しかし、その使い方には工夫の余地が無限にあることを、12社の事例企業は教えてくれた。新型コロナウイルス感染症の拡大を経験し、経済社会のシステムは大きく変わろうとしている。アフターコロナを生き抜くには、これまでの常識を疑う発想とそれを実現するためのしなやかな対応力が求められる。小企業が世界を明るくする新しいビジネスを生み出すことを期待したい。

〈参考文献〉

内閣府（２０２１）「日本経済２０２０‐２０２１」

第Ⅱ部
事例編

日本政策金融公庫総合研究所
グループリーダー　藤田　一郎
主任研究員　山崎　敦史
笠原　千尋
研究員　尾形　苑子
篠崎　和也
星田　佳祐
秋山　文果
原澤　大地

事例一覧①

1	事例番号		
㈱ドリンクアッパーズ	企業名		
酒の輸入販売	事業内容		
2017年	創業年		
150万円	資本金		
4人	従業者数		
東京都文京区	所在地		
自動販売機により非接触で販売可	従業員と顧客		接触の分類
	顧客と顧客		接触の分類
店員は一人で対応可	従業員と従業員		接触の分類
自動販売機により顧客に接客する時間を削減	なくす	時間の工夫	変革の手法
	ずらす	時間の工夫	変革の手法
	長くする	時間の工夫	変革の手法
接客スペースやレジ、ショーウインドーなどの設備は不要	なくす	空間の工夫	変革の手法
	ずらす	空間の工夫	変革の手法
	広くする	空間の工夫	変革の手法
	いつでも・どこでも		変革がもたらした新たな付加価値
不要な営業トークがなく、ビール通でなくても気兼ねなく利用可	自分のペースで		変革がもたらした新たな付加価値
	人目を気にせず		変革がもたらした新たな付加価値
小売りを始めるに当たり場所や人手がなかったため省スペース・非対面を模索	悩みの解決	動機・きっかけ	変革のプロセス
	ひらめき	動機・きっかけ	変革のプロセス
	外部からのヒント	動機・きっかけ	変革のプロセス
倉庫物件の空きスペースを活用	既存の経営資源の流用	経営資源の調達	変革のプロセス
	新しい経営資源の発見	経営資源の調達	変革のプロセス
	外部の経営資源の活用	経営資源の調達	変革のプロセス
	コストの予見	コストマネジメント	変革のプロセス
新たな人件費や地代（固定費）が不要	工程の選択	コストマネジメント	変革のプロセス

3	2
石川荘	Minaki Corporation
旅　館	通訳業
1960年	2010年
—	—
5人	1人
栃木県那須郡那須町	米国カリフォルニア州パロアルト市
	オンライン通訳なので顧客と非対面で対応可
複数の施設に顧客を分散し接触減を実現	顧客同士もオンラインであれば非対面で対応可
	複数の通訳者がオンラインで同時対応可
コスプレプランはアーリーチェックイン。一般客とずらし顧客のコスプレ時間も確保	
チェックイン時間前から更衣室を提供し、顧客のコスプレ時間を確保	オンライン通訳により時差を逆手にとり、24時間365日対応
撮影場所を次々に開拓し顧客を分散。客室をスタジオや更衣室に転用	オンライン通訳により働く場所の制約を突破
	24時間365日、15分間の短い時間から利用可能。海外に渡航する必要もない
スタジオや20以上の許可済みの周辺施設で、イベント以外でコスプレに没頭できる	
閑散期となる冬の集客アップを模索	
	顧客の交渉相手である米国企業のニーズを察知
既存の客室や宴会用の大広間をスタジオとして流用	既存のオンライン環境、ソフトウエアを活用
雪景色などもともとあった何でもない景観を撮影スポットとして見いだす	自由度を重視するフリーランス通訳者の希望に合致
周辺施設を撮影スポットとして活用	
稼働予定に応じた効率化により仕入れコスト（変動費）を抑制。人件費（固定費）を最適化	
	顧客に同行する時間や諸経費（変動費）を抑制

事例一覧②

4	事例番号		
移動福祉美容車そらいろ	企業名		
訪問美容サービス	事業内容		
2011年	創業年		
—	資本金		
16人（うち、アルバイト12人）	従業者数		
群馬県邑楽郡大泉町	所在地		
	従業員と顧客		接触の分類
利用者を外出させないため接触を削減可	顧客と顧客		接触の分類
従業員は店舗に集まらないため接触減を実現	従業員と従業員		接触の分類
	なくす	時間の工夫	変革の手法
顧客ごとの訪問日時を決め、美容師の従事可能な時間と適切にマッチング	ずらす	時間の工夫	変革の手法
	長くする	時間の工夫	変革の手法
研修用 DVD を活用し、従業員を集めずに教育	なくす	空間の工夫	変革の手法
特注の移動美容車により一般の美容室と同じサービスをさまざまな施設で提供	ずらす	空間の工夫	変革の手法
	広くする	空間の工夫	変革の手法
外出が難しい人でも美容サービスを受けられる。外出体験ができる	いつでも・どこでも		変革がもたらした新たな付加価値
利用に当たり施設スタッフは介助する必要がなく、通常業務に集中できる	自分のペースで		変革がもたらした新たな付加価値
	人目を気にせず		変革がもたらした新たな付加価値
	悩みの解決	動機・きっかけ	変革のプロセス
外出が難しい人向けに美容室をまるごと届けることを発想	ひらめき	動機・きっかけ	変革のプロセス
	外部からのヒント	動機・きっかけ	変革のプロセス
	既存の経営資源の流用	経営資源の調達	変革のプロセス
結婚や子育てで引退した美容師を活用して人材確保	新しい経営資源の発見	経営資源の調達	変革のプロセス
	外部の経営資源の活用	経営資源の調達	変革のプロセス
決まった予定に合わせ人件費（固定費）を最適化	コストの予見	コストマネジメント	変革のプロセス
	工程の選択	コストマネジメント	変革のプロセス

6	5
㈱創泉コーポレーション	㈱黒崎鮮魚
温泉販売	鮮魚を中心とした食品スーパー
2006年	1950年
1,000万円	500万円
9人	15人
神奈川県小田原市	富山県富山市
自社で温泉施設をもつのに比べ接触減を実現	オンラインで品定めできるため非対面で対応可
不特定多数が集まる温泉施設に行かずに済む	顧客の滞留による接触を削減可
	売り場に行かず非接触で商品確認が可
顧客はいつでも好きなときに温泉に入れる	ショーケースの可視化で問い合わせや現物確認にかかる時間を削減
標高や距離など立地の制約をなくした	
遠方の保養所やリゾートマンションなどに商圏を広げる	ライブ配信により顧客がどこにいてもショーケースの中身を確認し注文可能
いつでも入りたいときに宅配を依頼。温泉施設に出向く必要もない	ショーケースのライブ配信により来店せずに売り場の品ぞろえが確認可能
自宅でゆっくり温泉を味わえる	飲食店は事前の問い合わせ時間が減少。その分調理に集中
自宅なら他人の目は無い	
余剰の温泉を経営資源として有効活用	顧客に来店や電話をさせずに商品や価格を伝える仕組みを模索
温泉を引き湯できないホテルなどを地元の役所から紹介される	農産物直売所でカメラ設置の実証実験が行われた情報をキャッチ
既存の温泉を利用	既存のショーケースを利用
宅配用のタンクローリーを中古で購入	
他社の温泉を相互利用している	精肉店をテナントに迎え、青果や総菜は委託を受けて販売
配達先が決まっているため輸送コスト（変動費）を最適化	
	接客を省略し人員配置を最適化（固定費）。食品廃棄コスト（変動費）を削減

事例一覧③

7	事例番号		
㈱ごはんのこと	企業名		
料理教室	事業内容		
2007年	創業年		
100万円	資本金		
8人	従業者数		
神奈川県川崎市	所在地		
非対面で料理教室を実現	従業員と顧客		接触の分類
オンラインのため生徒同士も非対面を実現	顧客と顧客		
従業員もリモート勤務のため非対面を実現	従業員と従業員		
	なくす	時間の工夫	変革の手法
あえて夕食を準備する夕方に授業を実施	ずらす		
動画の事前配信で仕込みを必要とするレシピも提供可能	長くする		
	なくす	空間の工夫	
	ずらす		
自宅で受講可能	広くする		
夕方にも教室を開催。遠方居住でも受講可能	いつでも・どこでも		変革がもたらした新たな付加価値
自宅にある材料や器具を使うので安心	自分のペースで		
自宅なので他人はいない。チャット機能で講師に直接質問可能	人目を気にせず		
	悩みの解決	動機・きっかけ	変革のプロセス
遠方でも受講できるよう動画配信を始めたことの延長で発想	ひらめき		
	外部からのヒント		
	既存の経営資源の流用	経営資源の調達	
生徒や講師の自宅が教室になる	新しい経営資源の発見		
	外部の経営資源の活用		
	コストの予見	コストマネジメント	
食材の仕入れコスト（変動費）を抑制	工程の選択		

9	8
ビネット＆クラリティ(同)	村山人形店
機械学習、最適化、3Dモデルを伴う研究開発、靴のオーダーメードなど	節句人形の販売
2018年	1946年
200万円	—
2人	2人
神奈川県横浜市	長野県松本市
遠隔測定により非接触・非対面を実現	オンライン注文システムで、非接触で対応可
来店不要なため顧客同士も非対面を実現	来店不要なため顧客同士も非接触を実現
オンラインでやりとりするため非対面を実現	
先端技術により採寸、靴型、仮靴づくりにかかる時間を削減	
必要なのは顧客が自分で撮影した足の動画だけなので、いつでも注文可能	オンラインで24時間注文可。顧客にじっくり商品選びを楽しんでもらえる
店舗がない	リモート相談を併用し、遠方でも接客できる。距離の制約をなくした
	来店できる顧客と、来店できない顧客それぞれに対応できる販売空間を設けた
専用の測定器やアプリが不要で、どこからでも好きなときに靴をオーダーメードできる	遠方の祖父母宅をオンラインでつなぎ、3者でリモート相談も可能
従業員に測定してもらわなくてよいので、自分のタイミングで注文できる	遠方の祖父母も加え、家族みんなで商品選びを楽しめる
どこからでも注文可能なので、他人がいない場所を選べる	
	子連れで来店の困難な顧客や、祖父母連れの来店の負担をなくしたい
機械学習、最適化、3Dモデルの三つの技術を生かした新しいサービスとして発想	顧客がじっくり選ぶ時間をとれるように発想。接客時間を節約する業界のセオリーの逆をいく
3Dプリンターなど既存の設備を利用	既存の職人に依頼
外部の靴職人にモニターを依頼しノウハウを獲得。革靴に仕上げる工程は靴メーカーに依頼	
	受注生産により仕入れ（変動費）や在庫保管のコスト（固定費）を抑制
測定から靴型の製作までを自動化。仕上げ以外に特化し材料調達コスト（変動費）を削減	

事例一覧④

10	事例番号		
(有)ならがよい	企業名		
人材コンサルティング、 書店とシェアシアターの運営	事業内容		
2003年	創業年		
400万円	資本金		
3人	従業者数		
奈良県奈良市	所在地		
店舗を無人で運営し、非接触を実現	従業員と顧客		接触の分類
営業時間を長くとれ、分散により接触減を実現	顧客と顧客		接触の分類
従業員は常駐しない	従業員と従業員		接触の分類
本棚の映像を24時間配信し、オンライン購入も可能。店舗を訪問する必要なし	なくす	時間の工夫	変革の手法
	ずらす	時間の工夫	変革の手法
無人のため店舗を開けておくコストが低く、書店としては長めの営業時間を実現	長くする	時間の工夫	変革の手法
	なくす	空間の工夫	変革の手法
	ずらす	空間の工夫	変革の手法
本棚をライブ配信することで顧客ターゲットを全国に拡大	広くする	空間の工夫	変革の手法
24時間インターネットで本棚の確認と注文ができる	いつでも・どこでも		変革がもたらした新たな付加価値
購入した本を誰にも邪魔されず、すぐに読める	自分のペースで		変革がもたらした新たな付加価値
営業時間が長く顧客の利用時間が分散しており、落ち着いて本を選べる	人目を気にせず		変革がもたらした新たな付加価値
本の魅力を発信できる空間を常設かつ低コストで構築	悩みの解決	動機・きっかけ	変革のプロセス
もともと行っていたシェアシアター事業での経験から発想	ひらめき	動機・きっかけ	変革のプロセス
	外部からのヒント	動機・きっかけ	変革のプロセス
シェアシアター事業で蓄積した無人ノウハウを利用	既存の経営資源の流用	経営資源の調達	変革のプロセス
	新しい経営資源の発見	経営資源の調達	変革のプロセス
店頭に並んでいる本は本棚のオーナーが用意	外部の経営資源の活用	経営資源の調達	変革のプロセス
	コストの予見	コストマネジメント	変革のプロセス
無人化により人件費（固定費）抑制。本棚のオーナーが商品を用意するため仕入れ（変動費）不要	工程の選択	コストマネジメント	変革のプロセス

12	11
Drexy Company Limited Hong Kong	㈱Root
オーダーメード婦人服の販売	農業・狩猟の遠隔体験システムの開発
2013年	2017年
300万香港ドル	795万円
1人	1人
香　港	神奈川県南足柄市
メールで注文可能なため非接触で対応可能	アプリを活用し非接触での農業体験を提供
店舗がないため顧客同士が接触せずに済む	畑に行かないので顧客同士の接触は発生しない
	畑に行く時間や世話をする時間をかけずに農業を体験できる
オンラインで24時間注文できる	
店舗がない	スマートフォンで野菜の生育を確かめたり、ほかの利用者とコミュニケーションしたりできる
店舗がないため、商圏が全世界に広がった	
オンラインで24時間世界中どこからでも注文ができる	畑が近くになくても、畑を世話する時間がなくても、農業体験ができる
	好きなときに畑の様子を知ることができる
体形を店やほかの客に見られたくない人でも気兼ねなく利用できる	
香港では安く製造できる。日本人も手軽にオーダーメードできるようにしたいとの発想	農業の収益力向上のために畑にデジタル技術をもち込む
	自ら管理する畑でサービスを提供
珠海市に関連会社を設立。縫製工場として連携	
写真やデザインのイラストを送るなど、やり直しがないよう工夫し人件費（固定費）を抑制	過去の導入実績から、システム運営のコストが明確に
セミオーダーの種類を増やし製造工程を効率化。仕入れ・製造のコスト削減を図る	

事例1

30種のクラフトビールを詰め込んだ魅惑の小空間

㈱ドリンクアッパーズ

代表取締役　真室《まむろ》 光貴《みつたか》

企業概要

代 表 者：真室 光貴
創　　業：2017年
資 本 金：150万円
従業者数：4人
事業内容：酒の輸入販売
所 在 地：東京都文京区本郷3-38-10 さかえビル2F
電話番号：03(6304)1515
U R L：https://www.drinkuppers.com

㈱ドリンクアッパーズは、海外の珍しいクラフトビールを多数取り扱う酒の輸入商社である。税理士だった真室光貴さんは、海外クラフトビール好きが高じて同社を設立し、商品の良さやつくり手の思いを丁寧に伝えながら小売店や飲食店への卸売りに励んできた。一方で、あえて接客の要らない販売方法で消費者向けの直接販売に力を入れているという。どういうことなのだろうか。

希少なクラフトビールをそろえる

――どんな商品を取り扱っているのですか。

海外の醸造所でつくられるクラフトビールを販売しています。仕入れ先は、カナダに8社、米国に1社、ニュージーランドに1社あります。商品は全部で40種類以上です。現地でも簡単に手に入らないような、小さな醸造所の個性的で希少なビールをよりすぐっています。缶の商品を販売することが多いですが、販売量の4分の1は20リットルの樽で出荷しています。お客さんの多くは、小売店や飲食店です。それぞれの割合は半々で、合わせて400社ほどです。

――事業を始めるまでの経緯を教えてください。

わたしが海外クラフトビールと出合ったのは学生の頃です。大学近くのコンビニで、「アンカースチーム」という米国の瓶ビールを見つけました。ビールらしからぬ華やかなラベルに目を奪われ飲んでみると、それまで口にしてきたビールと味もだいぶ違っていて驚きました。

ビールの本場である海外を調べてみると、意匠を凝らしたものがたくさんありました。クラフトビールは多種多様ですから、各醸造所は製造コンセプトを味だけでなくラベルのデザインにも反映し、独自色を出していました。見て、飲んで、集めて楽しいことから、どんどん海外クラフトビールにのめり込みました。

アルバイトの稼ぎは新しいビールと現地で出合うための海外旅行に使いました。大学卒業後に税理士として7年間勤めた会計事務所では、国際税務を担当していたので海外出張が多く、そのたびにビールを探していました。学生時代から数えて20カ国は巡ったと思います。

いつしかわたしは、気に入った商品を自ら販売し、日本に広めたいと思い始めました。日本で消費されるビールのうちクラフトビールのシェアは1パーセントにとどまるといわれていましたが、味やデザインなどの魅力をしっかり伝えることができれば、商売として勝算はあると考えたのです。

創業した直接のきっかけは、小さな会計事務所への転職です。直属の上司が社長という環境で働くうちに、経営者になった自分の姿を自然と想像するようになりました。そうして2017年に設立したのが当社です。また、税理士としても独立しました。せっかく腕を磨いた税理士の仕事も続けつつ、念願のビール販売事業を実現しようと考えたのです。

会社設立後は10カ月ほどかけて酒類販売免許の取得や仕入れ先の開拓、商品の宣伝、ネットショップの開設などに取り組みました。本格的に営業を開始したのは２０１８年に入ってからです。

接客の簡略化がかえって成果に

――現在はどんなことに力を入れていますか。

消費者への直接販売に力を入れています。販路は二つあります。一つはネットショップです。見た目を楽しめるようにビール缶と中身を注いだグラスを並べた画像を前面に出しています。商品のデザインや中身の色彩がわかりやすいと思います。

もう一つは、自動販売機を使った販売です。クラフトビールだけを並べた自動販売機は、全国を探してもほかにないと思います。２０１９年に自社倉庫を借りたことが、自動販売機を導入するきっかけになりました。ちょうど経営が軌道に乗ってきた頃です。

それまでは商品の検品や保管、出荷などの物流業務を神奈川県の企業に委託していたのですが、自社で都内に倉庫や冷蔵設備、従業員を確保した方が、固定費を４割以上削減できることがわかりました。借りたのは、杉並区高円寺の早稲田通り沿いの物件です。人通りが多く、歩道に面した部分がガラス張りになっているので、外から中の様子がよく見えます。この空間をうまく活用すれば、ユニークな売り方ができるのではないかと考えたのです。

――普通のビールは自動販売機でも見かけますが、クラフトビールは確かに見たことがありません。

日本酒やワインの自動販売機がめったにないのと同じです。こうした商品は、お店の人の話を聞きながら選ぶことが多いですよね。クラフトビールも、商品の特徴を説明しながら対面販売が一般的です。

売り手にしても「お祝いの場で」「遊びの途中のリフレッシュに」「苦いのが苦手な人に」など、飲む場面やターゲットごとに商品を薦めることができます。つまりストーリー性があり嗜好品としての性格が強いため、そうした情報をたくさん提供したうえで商品選びを楽しんでもらいたいわけです。そのほうが客単価は上がりますし、顧客の満足度も高まります。

例えば、当社の取引先は1店当たり5種類ほどに商品を絞って仕入れているケースが多いです。種類が多いと、説明のために覚えるべき情報が増えて負担になってしまうからです。

一つ一つの商品についてしっかりと語ることを大切にしているわけです。

加えて、クラフトビールの値段は普通のビールに比べて高いです。当社が販売する商品は355ミリリットルの缶1本で600円以上します。日本にほとんど出回っていないニッチな商品を輸入しているので、価格が少し高めになってしまいます。

それでも飲みたいという人の多くは、クラフトビール愛好家です。実際に、従来当社が販売先として開拓してきたのは、ビール党の方が集まる酒店やビアバーです。個人客に直接販売していくためにつくったネットショップにしても、利用者の大半は、もともとクラフトビールに興味をもっている人たちです。

通な人ほど、商品のもつストーリーを大切にします。醸造所の歴史や使われている酵母の種類などまで時間をかけて話し、ビール談議に花を咲かせた方が顧客の購買意欲は高まるでしょう。

――それでも自動販売機を導入したのはなぜでしょうか。

自動販売機を採用した理由は大きく二つあります。一つは、愛好家ではない人にターゲットを広げたかったからです。

実店舗をもつことのメリットは、通りすがりの人やクラフトビールに興味のない人の目も引けることです。そこまでビールに詳しくない人に買ってもらうには、ペールエールとは、ＩＰＡとは、ベルリーナヴァイセとはなどの詳しい案内は、かえって邪魔になるかもしれないと考えました。ディープな世界である分、専門店に行くのをためらったり、営業トークに苦手意識をもっていたりするクラフトビール初心者は案外多いのではないかと思います。

そもそもわたし自身、初めて海外クラフトビールを手に取った際はいわゆる「ジャケット買い」だったわけです。その経験から、買い手の知識や売り手の説明は必ずしも必要ではないと思えました。クラフトビールを売るときの顧客との距離感に、決まりはないと気づいたのです。ユニークなデザインの缶が並ぶさまはそれだけで映えますし、希少性が高いとなればより注目してもらえます。接客を省く自動販売機はむしろ、商品をさまざまな人に届けてくれると考えました。

クラフトビールの自動販売機

――もう一つの理由は何ですか。

既に自社にあるものを最大限有効活用したいと考えたからです。まずは場所です。倉庫を確保した目的は冷蔵庫を置き、そこで流通の作業を行うことです。小売りを始めるにしても、あくまで余ったスペースでと決めていました。きちんとした酒店を構えようとすれば、内装を大きく変えたり、商品ケースやレジを準備し、その置き場やお客さんの通り道を確保したりと費用も手間もかかります。

次に人手です。大々的に店を開くわけではない以上、新たに人を雇うことはできません。採算が厳しくなるからです。倉庫で流通の仕事を担当する従業員に、小売りをかけもちしてもらうことになります。負担を抑えるには、商品の説明や会計など接客に時間をかけずに済むやり方が必要でした。

場所や人手の問題は、自動販売機を使えば解決します。そうしたことから２０２０年、倉庫前に自動販売機を併設したのです。

――反響はいかがでしたか。

現在、自動販売機には約30種類のビールを入れています。見本缶の真上に説明書きを貼り、商品名と醸造所、アルコール度数、苦味の度合い、原産国、簡単な商品コンセプトなどを読めるようにしています。簡潔さを重視し、情報を最低限に絞りました。買った人は自宅に持ち帰って飲むわけですから、商品をより深く知りたいと思えば、ゆっくりインターネットで調べられます。

チョコレートやラズベリーなどスイーツ系のテイストの商品は女性に人気です。通りがかりで買った人のなかからリピーターも誕生しました。缶がおしゃれだといってＳＮＳにアップする人も多いです。これまでクラフトビールに縁のなかった人に利用してもらえているようで、手応えを感じています。

節約がアイデアの源泉

――大胆な発想ができた要因は何でしょうか。

使えるものが少なかった点が幸いしたかもしれません。

お金があれば、きちんとした小売店か飲食店を開いていたと思います。しかし、資金の多くは仕入れ先の開拓に費やしていました。これまでに訪ねた醸造所は１００社を超えます。

すべて海外ですから、かなり旅費がかかりました。すぐに成果が表れるものでもなく、しばらく出費が続いていたのです。また、創業間もない小さな会社が人手を確保するのも難しいでしょう。だからこそ、人的サービスの省力化を考えられたのだと思います。

――今後の展望を教えてください。

コロナ禍で飲食店向けの売り上げは大きく減少しました。従来の経営環境であれば見込めた業績の向上は果たせませんでした。

一方で、良い変化もありました。醸造所まで足を運ばなくても、仕入れ交渉ができるようになったことです。従来だと「直接会わなければ決められない」と言われてしまうような内容でも、リモート会議やメール、電話でのやりとりで完結させることが自然になってきました。仕入れ先のうち、最近取引し始めた2社とは、リモートをフル活用して契約に至りました。当然ながら、出張費も大幅に減りました。

倉庫物件に自動販売機を併設

また、自動販売機やネットショップの利用者は増えています。人と人の接触を抑えられる販売方法はニューノーマルに合っています。自動販売機を使えば当社のような小さな会社でも全国展開が可能ですから、現在は増設を検討中です。こうした取り組みを通じて海外クラフトビールファンを増やすことができれば、同じ愛好家としてとてもうれしいです。

ちなみに、当社のスタッフは全員、ビールも接客も大好きです。自動販売機を利用される場合であっても、もっと商品のことを知りたいと思った方は、気兼ねなくお声かけください。喜んでお答えします。

≪取材メモ≪

㈱ドリンクアッパーズが販売する海外クラフトビールのように多様性や嗜好性、ストーリー性の高い商品を扱うケースでは、接客が果たす役割は大きい。対話を通じて顧客に商品をよく理解してもらい、ニーズに合った商品を提案すれば、満足度を高められるからだ。しかし、同社は自動販売機という接客を削減する販売方法をあえて導入した。ターゲットを変えれば、接客がなくても売れることに気づいたからである。

真室光貴社長が華やかなデザインのビールを手にしたときの体験が、販売方法の常識を打ち破るきっかけになった。経営者の個人的な経験が新たな発想を生み、それをすぐさま経営に反映する姿からは、小さな企業の大きな機動力を感じた。また、投入できる人手や資金の限界を逆手に時間と空間の使い方を工夫した姿からは、小さな企業の大きな問題解決能力に触れることができた。

（山崎　敦史）

事例2

グローバルビジネスを加速するオンライン通訳

Minaki Corporation

代表 皆木《みなき》 寛樹《ひろき》

企業概要

代 表 者：皆木 寛樹
創　　業：2010年
従業者数：1人
事業内容：通訳業
所 在 地：米国本社：2625 Middlefield Road, #455 Palo Alto, CA 94306-2516, USA
　　　　　日本支社：東京都港区南青山2-2-15
電話番号：米国本社：+1 -866 -543 -0123（米国内フリーダイヤル）
　　　　　日本支社：080(7856)9183
U R L：https://tsuyakuamerica.com

アメリカのサンフランシスコにあるMinaki Corporationは通訳サービス「通訳アメリカ」を運営している。グローバルビジネスを展開する大企業や新しいビジネスを育む起業家が集い、スタンフォード大学があるシリコンバレーを舞台に、通訳業者として、実績を積み重ねてきた。そして今、代表の皆木寛樹さんが開業時から磨き続け、装いを新たにしたオンライン通訳サービス「バーチャル社内通訳」が注目されている。

世界中の言葉が集まる場所で

――提供しているサービスについて教えてください。

日本語と英語で「通訳アメリカ」というホームページを運営しており、チャットやメールで仕事の依頼を受けています。２０１０年の創業からわたし一人で営んでいますが、当社にはアメリカや日本など世界各国に、提携しているフリーランスの通訳者が約30人います。日英通訳をメインに、中国語やスペイン語など10以上の言語に対応しています。３カ国の言葉が飛び交う会議の通訳をすることもあります。

通訳には、話者の話を聞きながら通訳していく同時通訳と、話者の話が一区切りついてから通訳する逐次通訳があります。同時通訳は講演のような、一人の話者が多数の人に対して話すときによく用いられます。聞きながら別の言語で話すわけですから、高度なスキルと集中力が要求されます。当社では2～3人の通訳者がチームを組み、10分～15分おきに交代しながら通訳に当たります。

シリコンバレーでは、企業のエグゼクティブクラスによる新商品発表会や記者会見、研究者による講演や学会発表など大規模イベントが頻繁にあります。同時通訳の需要はかなり多く、1件当たりの受注価格も高い案件が多いです。その代わり、話者が言葉に込めたニュアンスや学術的な専門用語を理解できていないと、通訳業者として信頼してもらえません。

逐次通訳は主に商談で利用されます。顧客とその交渉相手の間に立って、双方の話を訳出していきます。メインの顧客は日本の企業で、シリコンバレーをはじめ全米各地への出張に同行します。商談ならではの緊張感や息づかいを感じつつ、円滑な進行をサポートします。話を正確に伝えるために話者に了解を取ったうえで、意訳することもあります。

通訳の仕事は言葉を話せるだけでは務まりません。一つの空間に集う皆さんが有益な時間を過ごせるようにコーディネートすることも、大切な役割なのです。

――アメリカで開業するまでの経緯を教えてください。

東京で生まれたわたしは2歳のときに父親の転勤で渡米、その後香港など海外で長く生活しました。日本語と英語の教育を相互に受けたことから、バイリンガルになりました。

日本で高校と大学を卒業し日系メーカーで8年間勤めた後、米国でMBAを取得しました。そのまま移住し、経営コンサルティング会社やシリコンバレーの会社で働きました。幼少期から延べ30年以上を米国で過ごし、米国市民権を獲得しました。

創業前は半導体製造のスタートアップ企業にいたのですが、倒産してしまいました。次のキャリアを考えたとき、通訳や翻訳の仕事で当地の企業と日本企業の橋渡し役になれないかと考えました。社内通訳としての業務経験もあったので、何とかなるだろうと考えました。

シリコンバレーは、世界的に有名な大企業や新ビジネスを競う起業家が集まるところで、世界中の人々が、日夜活発なコミュニケーションを繰り広げています。通訳の需要は豊富ですし、何より現地の熱気を最前線で味わえることはやりがいでした。

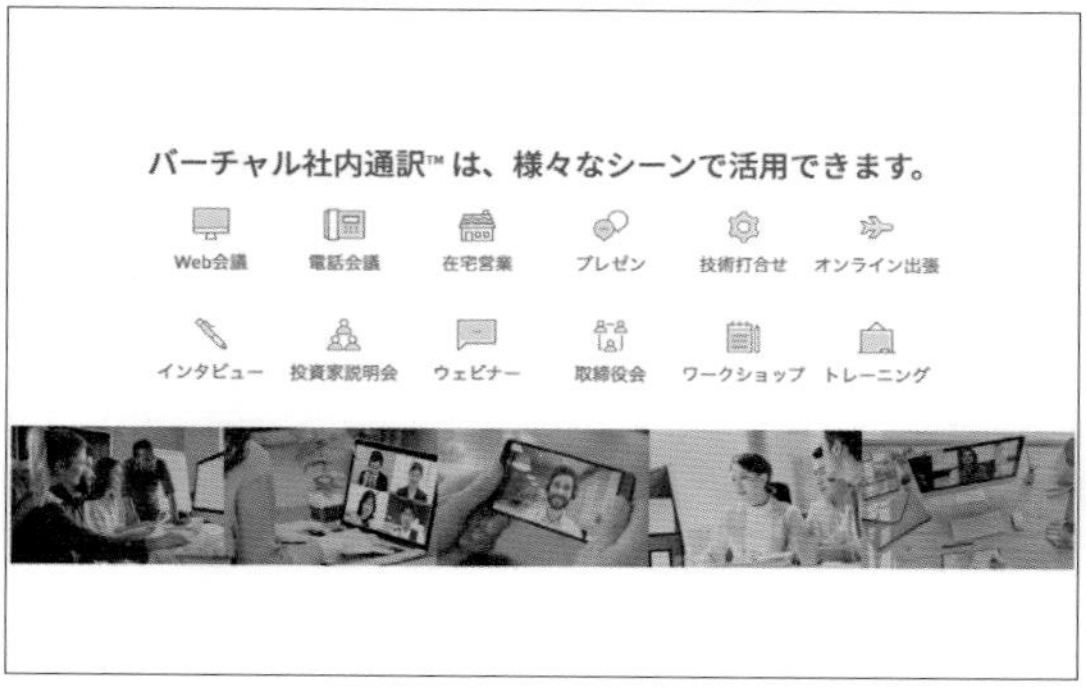

大好評のバーチャル社内通訳

――言葉に関する需要が多いわけですね。ライバルも多そうですが。

当初は翻訳と通訳の仕事が半々でしたが、現在はほぼ通訳に特化しています。機械翻訳の性能が上がり、受注の相場が下がったからです。

他方、同時通訳や逐次通訳をこなす機械はまだありません。通訳についてはやはり人の力がポイントになります。この点、当社のメインパートナーである通訳者のウッド佳世さんは、２０１９年にトランプ前大統領夫妻が訪日したとき、メラニア夫人の通訳を務めました。当社で活躍する通訳者のレベルの高さがうかがえると思います。

わたしは開業時から優秀な通訳者を確保してネットワークを築くことを心がけてきました。振り返ってみると二つの取り組みが効果的でした。

利便性に注目し２０１０年からオンライン通訳を実施

――それは何でしょうか。

一つは、仕事内容と対価のバランスを重視して案件を吟味してきたことです。当社の価格は日本にある通訳業者に比べると高めです。優秀な通訳者にきちんと報いるためです。

もっとも、現地で通訳者を調達できるので出張経費が安く済む分、十分な価格競争力があると思います。当社の顧客は大手日系企業や官公庁などで、９割以上がリピーターです。

――もう一つの独自の取り組みとは何でしょうか。

オンライン通訳サービスを展開してきたことです。実は２０１０年の開業当初からこのサービスを提供してきました。日本企業の多くは対面でのビジネスコミュニケーションを大切にする傾向が根強かったので、売り上げ自体は対面型の通訳に比べるとわずかでした。とはいえ、ちょっとしたカジュアルな打ち合わせなどはよくありますから、依頼は途切れませんでした。売り上げにすると1割ほどを占めていたと思います。

――オンライン通訳がなぜ優秀な人材確保につながるのでしょうか。

通訳者が時間や空間の制約から解放されるからです。優秀な通訳者はフリーランスで活動していることが多く、仕事を選ぶ際に自由度の高さを重視する傾向にあります。

空間についてはいうまでもないでしょう。顧客とオンラインでつながればよいだけです。時間の制約とは時差です。例えば日本とサンフランシスコは16時間、ニューヨークとは13時間の時差がありますが、これをうまく使えば、1日の予定を効率的に組めます。通訳以外の仕事だってできるわけです。当社にもメリットは大きく、日米をはじめ世界各国に住む通訳者とネットワークを築けた結果、24時間３６５日サービスを提供できる態勢ができました。

――どうしてオンライン通訳サービスに注目したのですか。

シリコンバレーをはじめとするアメリカの企業では、当社の開業した頃からオンラインでのコミュニケーションが多用されていたからです。アメリカは国土が広いですから、出張には多くの時間と労力を伴います。「初めまして」や「久しぶり」の顔合わせならともかく、いつもの相手と打ち合わせをするだけなら、わざわざ出向かなくても十分と考える人が増えました。会うのはせいぜい年に１回くらいでしょうか。

他方、日本企業の方はやはり対面でのコミュニケーションを好みます。違う言葉を話す相手だからこそ、場の雰囲気を共有したい、あるいは礼儀を尽くしたいという考えがあるのでしょう。ただ、毎回会うとなると、相手側には負担なわけです。実際、商談の相手であるアメリカ企業側から非対面で打ち合わせできないかと打診されたことが、オンライン通訳サービスを始めるきっかけでした。

――今でこそオンラインのコミュニケーションは世界中で急速に普及していますが、10年以上前からその利便性に目をつけていたのですね。

２０２０年以降、新型コロナウイルス感染症の影響から、オンラインコミュニケーションが世界の主流になりつつあります。顧客に終日同行することを基本とする通訳業界でも、仕事の進め方が見直されています。オンライン通訳は売り上げの1割ほどと申し上げましたが、実は新型コロナが広がる前の２０２０年1月、当社は既存のサービスを「バーチャル社内通訳」として商標登録を行い、中身の充実を図ったところでした。

というのも、複数の国の企業が携わるプロジェクトのメンバーの一員として、通訳に参加することが増えてきたからです。日本とアメリカの2国間ではなく、日本とアメリカとインド、といった具合です。いつもご利用いただいているお客さまからサービスの改善についてさまざまな提案があったのです。

先を読むから進化できる

――顧客の意見を参考にサービスの質を高めてきたのですね。どのような進化を遂げたのでしょうか。

一つは料金体系です。従来の通訳は依頼者に同行するのが基本でしたから、半日あるいは1日単位の料金体系がスタンダートでした。これに対し、バーチャル社内通訳は15分単位の料金体系としています。年に数回海外出張する場合は、できるだけ多くの会議を詰め込みます。オンラインであれば担当者が必要に応じて定期・不定期に短時間の打ち合わせることが可能です。

ただし、時間の単位を変えただけだと依頼のつど見積もり・発注・請求・支払いなどの事務が発生します。その負担を減らすため、月末一括払いや前払いを選べるようにしました。料金も割安になります。これもお客さまの提案を参考にしました。

もう一つは、オンラインならではの問題への対応です。これは、サービス開始当初から少しずつ蓄積してきたノウハウなのかもしれません。先ほど、通訳には空間をコーディネートする役割があると申し上げました。オンライン会議ですと、話すタイミングがつかめず相手と同時にしゃべってしまったり、逆に、遠慮して沈黙が起きたりしますよね。接続の不具合が起きることもあります。こうしたときに臨機応変に対応できるようになるには、場数を踏むことが欠かせません。10年以上前から取り組んできたことが今、アドバンテージになっていると感じます。

技術的な話もしますと、例えばハウリングの問題があります。同時通訳の場合、聞き手のスピーカーには話者と通訳者の音声が同時に流れてしまいます。利用するソフトウエアごとに対処方法を用意し、事前に案内しています。通訳者のチームは別回線でつながっており、通訳に集中できるよう互いにサポートします。

オンライン通訳と聞くと簡単そうに思われるのですが、実は細かなノウハウを要求される仕事なのです。もちろん失敗は許されません。新型コロナが広がった後に初めて当社のサービスを利用した方は、対面と変わらない品質に驚いていました。昔からサービスを利用してくださったお客さまのおかげだと思っています。

――新型コロナの影響で日本でも働き方が少しずつ変わってきています。今後をどのようにみていますか。

海外出張が止まってしまい当社はどうなるかと心配しましたが、幸いにもオンラインコミュニケーションの普及によってグローバルなビジネスはむしろ加速していると思います。もちろん、対面ならではのコミュニケーションにも良さがあると思うので、新型コロナが落ち着けば両方を組み合わせたコミュニケーションスタイルが一般的になるのでしょう。

大きく変わったのは、１日の過ごし方ではないでしょうか。リモートワークの定着をきっかけに働く時間や空間に対する認識が変わり、個人のスキルを生かした副業が活発化していると感じます。アメリカやインドなどの顧客と話していると決まって副業が話題になるのですよ。

そこで今、わたしはインドのＩＴ技術者と協力し、自らもノーコードツールを習得しながらアプリ開発に取り組み、世界中のユニークなスキルが集うプラットフォームをつくる計画を進めています。世界中の人材が時間を有効活用できる場をつくれれば、面白いビジネスに育っていくのではないかと考えています。言葉の問題は心配ありません。当社が間に入ってコーディネートします。

≫取材メモ≪

皆木さんは、顧客や通訳者が1カ所に集まらずにコミュニケーションでき、皆が時間を有効活用できるオンライン通訳の利点をいち早く見いだし、2010年からサービスを育ててきた。多様な料金プランの策定、複数のソフトウエアへの対応など、顧客の声を聞きながらサービスを充実してきたことで、品質と利便性を兼ね備えた通訳事業者としてポジションを築いた。時間や空間の使い方に目をつけた皆木さんには、まさに先見の明があった。

ユーザーの意見を採り入れる経営スタイルは「謙虚と正直がシリコンバレーを生き抜く秘訣です」と話す皆木さんの信念を体現したものといえる。そして皆木さんは今、副業市場の世界的な広がりを感じ取っている。驚くのはその発見をもとに新たなビジネスにチャレンジしている点だ。皆木さんがこれからどのようなビジネスを展開していくのか。注目したい。

（藤田 一郎）

事例3

コスプレイヤーの視点で旅館を再定義する

石川荘

平野《ひらの》 奈津江《なつえ》

企業概要

代 表 者：古川 典男
創　　業：1960年
従業者数：5人
事業内容：旅館
所 在 地：栃木県那須郡那須町湯本203-167
電話番号：0287(76)2214
U R L：https://isikawasou.com

古川典男さんが妻と営む石川荘は、那須高原で60年以上続く旅館である。避暑のために那須を訪れる人々の宿泊先として親しまれてきた。2017年からはコスプレイヤー歓迎を打ち出し、注目を浴びている。石川荘はなぜコスプレイヤーに注目したのだろうか。コスプレイヤーを受け入れるためにどのような工夫をしたのか。コスプレイヤー向けのサービスを主導する娘の平野奈津江さんに話をうかがった。

コスプレを集客の起爆剤に

――まず、コスプレとはどのようなものか教えてください。

コスプレとは、漫画やアニメ、ゲームなどのキャラクターに扮《ふん》することをいいます。衣装やかつらを身につけてキャラクターになりきった姿を写真に撮り、SNSなどでお互いに見せ合って楽しみます。

コスプレをする人のことをコスプレイヤーと呼びます。わたしも小学生の頃から20年以上、コスプレイヤーとして活動してきました。

コスプレイヤーの数は全国で数十万人にも上るといわれていますが、実際に見かけることはほとんどないのではないでしょうか。というのも、コスプレを楽しむ場は専用のイベントやスタジオが中心で、街角で撮影することは多くないからです。

コスプレイヤーの間には、許可を得た場所以外では撮影しないという暗黙のルールがあります。許可をとらずに撮影しトラブルになると、コスプレが禁止されたり、コスプレイヤー全体の評判を落としたりするおそれがあるためです。実際、過去にはマナーの悪化を理由にコスプレでの撮影をＮＧにした施設もあります。

ほかにも、コスプレした状態で公共交通機関を使わない、指定された場所以外では着替えないなど、守るべきマナーはいろいろあります。どれも、周りの人たちに迷惑をかけずに楽しむためのものです。そのため、ハロウィンのときの仮装のように街で見かけることはないのです。

――コスプレイヤー歓迎を打ち出したきっかけは何でしょうか。

母から集客について相談されたのがきっかけです。那須高原は東京から車で３時間ほどの自然豊かな避暑地で、特に夏場は多くの観光客でにぎわいます。半面、冬は寒さが厳しく雪も降るため、観光客がめっきり減ります。あまりに少ないため、冬の間は休業する旅館や施設もあるほどです。

当館も冬の集客に苦労しており、少ないときには１カ

コスプレイヤーが集う宿

月間のお客さまの数が一桁ということもありました。そうした状況を変えるアイデアはないかと相談され、思いついたのがコスプレでした。

コスプレイヤーに着目したのは、那須の雪景色が絶好の撮影ポイントになると思ったからです。コスプレはキャラクターにいかになりきるか、そして作品の世界観にマッチした空間に溶け込めるが肝心です。同じコスプレイヤーとして雪景色にはニーズがあると直感しました。東京からのアクセスは良いので、衣装を持っての移動も楽です。那須はコスプレイヤーにとって魅力的なわけです。

母はわたしのコスプレ活動を知っていましたから、話はとんとん拍子に進みました。2017年1月から、「コスプレイヤー応援プラン」と題した宿泊プランを始めました。

ニーズを先読みする

――コスプレイヤー応援プランの特徴を教えてください。

いくつかあります。なかでも好評なのは、さまざまなスポットで撮影できることです。実は当館では、周辺の20カ所以上のスポットで、コスプレ撮影の許可をあらかじめとってあります。山奥の滝や牧場、木々が生い茂る神社、廃墟、教会などです。コスプレのネタになる作品の世界観に合わせて、最適な空間を見つけることが可能です。

これまで、イベントやスタジオ以外の場所で撮影をするときは、各個人が施設の管理者にコスプレをしてよいか問い合わせていました。他方、当館が紹介するスポットでは、その必要がありません。当館で発行するリストバンドが許可証代わりになります。着替えに撮影に忙しいコスプレイヤーにとって、時間を有効に活用できるサービスです。

――撮影スポットはどのように開拓しているのですか。

スポット探しから許可の取得まで、わたしが行っています。ここぞというスポットを見つけたら、飛び込みで撮影許可をお願いします。たいていは、すぐに快諾してもらえます。許可をもらえたら、利用に当たっての注意点やお薦めのアングルなどをまとめ、ツイッターですぐに発信します。

撮影スポットは、流行している作品を踏まえて探します。最近だと学校を舞台にしたアニメが人気なので、廃校で撮影できるようにしました。お客さまに喜ばれそうな場所を探すのは、わたし自身にとっても楽しいひとときです。

人が多くない場所であることも重視しています。密集しやすい場所だと、通路をふさいで邪魔だといった苦情が出たり、一般の方がコスプレイヤーを無断で撮影したりといったトラブルが起きやすく、コスプレに没頭できないからです。また、衣装のことを考えても、人が少ない場所にはメリットがあるのです。

――どういうことでしょうか。

衣装の選択肢が増えるのです。一日中思い切りコスプレを楽しみたいという欲求を満たせるように、当館で紹介するスポットは、極力衣装の制限がない所を選んでいます。

わかりやすい例が、武器や血のりを使った撮影です。剣士のコスプレをするとき、これらは重要なアイテムですが、人混みのなかで使うとあらぬ誤解を招きかねません。人が密集しない施設を選んで事情を説明し、理解を得るようにしています。

コスプレ撮影の風景

自由度の高い撮影を追求するとマナーの悪い方ばかりが来るのではないかと心配しましたが、杞憂《きゆう》でした。マナーを守る方ばかりで、トラブルはほとんどありません。

――館内にもコスプレイヤーが喜ぶ仕掛けがあるようですね。

和室を改装したスタジオのことですね。ちょうちんや番傘、造花といった小道具をそろえており、和の世界観にどっぷりつかりながら撮影を楽しんでいただけます。

この部屋はもともと、宴会用の大広間でした。畳はそのままに、壁やふすまはわたし自身で塗り替えました。スタジオ内の装飾や小道具も１００円ショップで購入した雑貨を使って製作しています。コスプレ用の衣装やアイテムは、すべてを市販のものでそろえるのが難しく、自作するのが一般的です。費用をいかに抑えられるかがコスプレイヤーの腕の見せどころであり、スタジオの改装は１万円以内に収めました。

――もともとある空間を有効活用しているのですね。ほかにもコスプレイヤーにうれしいサービスはありますか。

一つは、広い更衣室を提供していることです。客室をそのまま更衣室として使ってもらっています。コスプレイヤー応援プランを利用した方はもちろん無料ですし、日帰りの方も700円で利用できます。

特筆するほどのサービスではないと思われるかもしれませんが、更衣室の有無は、コスプレイヤーにとってとても重要です。イベントであれば主催者が用意してくれますが、個人で撮影するときは自分で場所を確保しなければなりません。といっても一般の施設には更衣室はありませんし、トイレで着替えるのはほかの方に迷惑をかけてしまいます。当館は一部の客室を更衣室として提供しています。当館で着替えて車で撮影スポットを巡れば、快適に撮影できるわけです。

もう一つのサービスは、アーリーチェックインです。通常は午後3時からのところ、コスプレイヤー応援プランでは正午からチェックインできます。1時間でも長く撮影を楽しんでもらいたいからです。

このように、とにかくコスプレイヤーのニーズを先読みしていった結果、今の応援プランが完成しました。応援プランの料金は通常の宿泊プランと比べて500円から1000円ほど安くしています。コスプレには、衣装代などの多額の出費がつきものです。皆さんの負担は痛いほどわかるので、あえて価格を抑えています。

――チェックインが早いと清掃の時間が取れないのではありませんか。

チェックアウトは午前10時なので慌ただしいかと思いきや、コスプレイヤーの皆さんがリズムを合わせてくれるので、何とか乗り切れています。

お客さまは長い時間コスプレを楽しみたいと考えているので、チェックアウトを早々に済ませて撮影スポットに出かけてしまうことがほとんどです。そのおかげで清掃時間を確保できるのです。

なかには午前中に到着する方もいらっしゃいます。このときは更衣室に案内するようにしています。

高稼働率を達成

――コスプレイヤー歓迎にした効果はいかがですか。

プラン開始前には年間1000人ほどだった宿泊客数が2000人まで増えました。当初のねらいどおり冬場の予約が増え、1月から2月の週末はコスプレイヤーで満室ということがしょっちゅうです。冬以外もコスプレイヤー応援プランの利用は多く、今では、一般プランと応援プランの利用者数が半々です。おかげさまで、年間を通じて客室の稼働率を高めることができました。

お客さまの年代も広がりました。以前は60歳以上の方が中心でしたが、コスプレイヤーは20歳代から30歳代が中心です。幅広い年代に愛される旅館になりました。

また、予約の見通しを立てやすくなったり、費用を減らせたりといった効果もありました。

コスプレイヤーは半年から1年先まで予定を入れ、どんどん撮影していきます。アニメやゲームの流行に遅れることなく、最新のコスプレを楽しみたいと考えているからです。コスプレイヤー応援プランの利用者の半分はリピーターで、チェックアウトのときに次の予約を入れていく方が少なくありません。先々の稼働予定をつかみやすくなり、食材の仕入れやスタッフの勤務スケジュールなどを効率化できるようになりました。直接予約のお客さまが増えたことで予約サイトに支払う手数料が減り、利益率も改善しました。

――新型コロナウイルス感染症の影響はいかがですか。

２０２０年の春に1回目の緊急事態宣言が発出されたときは休業を余儀なくされ、売り上げが半分になりましたが、今は回復してきています。感染防止のために客室数を減らしているので元通りとはいきませんが、週末には、稼働している客室がすべて埋まる日もあります。コスプレプランの撮影スポットに人が少ない場所や屋外を選んでいたのも功を奏しました。イベントやスタジオと違って密を避けやすいので、安心して撮影できると好評です。

――今後はどのようなことに取り組んでいきたいと考えていますか。

これまで以上に非日常を満喫できるひとときを提供していきたいと考えています。最近では、那須で体験ツアーなどを運営している企業とタイアップして炎のなかで撮影できるイベントを実施し、大好評でした。今後も那須高原ならではの環境を生かしながら、コスプレイヤーの皆さんに喜んでもらえるサービスを提供していきたいと考えています。ぜひ当館でコスプレを楽しんでください。

≪取材メモ≪

平野さんは、コスプレイヤーの目線で実家の旅館を見直した。その結果、もともとあった空間に新たな価値を見いだすことができた。例えば宴会用の大広間はスタジオに、客室は更衣室に生まれ変わった。どちらもコスプレイヤーにとっては欠かせない空間である。改装費用はほとんどかかっていない。また、周辺の施設と協力して滞在地を点ではなく面でとらえることで、ほかの宿泊客と鉢合わせることなく、コスプレに没頭できるようにしている。

平野さんのアイデアによって、顧客は時間を効率的に使えるようにもなった。アーリーチェックインや更衣室などのサービスは滞在時間のほとんどを撮影に費やせるようにとの思いがこもっている。石川荘も季節による繁閑の差を解消し、通年で施設稼働率を高めることができた。

コスプレに着目し、サービスの装いを新たにした石川荘。その内側には、独自の発想で顧客をもてなそうとする平野さんの姿があった。

（星田　佳祐）

事例4

お出かけ気分を届ける訪問美容サービス

移動福祉美容車そらいろ

代表　長山《ながやま》 成行《なるゆき》

企業概要

代 表 者：長山 成行
創　　業：2011年
従業者数：16人（うち、アルバイト12人）
事業内容：訪問美容サービス
所 在 地：群馬県邑楽郡大泉町朝日5-4-24
電話番号：0276(62)6566
U R L：http://sorairo-55.com

自由に外出できなくてもおしゃれを諦めないでほしい。新聞販売店を経営する長山成行さんが「移動福祉美容車そらいろ」を創業したのは2011年のこと。美容師の資格も美容室の経営経験もない。しかも、群馬県内にはトラックを改造した移動美容室の前例もない。にもかかわらず「未経験だからこそ突っ走れた」と語る長山さんは、サービスの実現に向けていくつものハードルを乗り越えてきた。

美容室まるごと移動する

――移動福祉美容車「そらいろ号」について教えてください。

そらいろ号はトラックを改造した動く美容室です。スタイリングチェアが4脚、鏡とシャンプー台が2セットずつあり、車いすやストレッチャーを乗せられる昇降用リフト、冷暖房設備、ＢＧＭを流す音響機器なども備えています。まさに美容室と感じられる空間を追求しました。地元の祭りやクリスマスの時期にはイベントに合わせた飾りつけもします。

料金はシャンプーを含むカットセットが３３００円、カラーとパーマがそれぞれプラス３０００円で、一般の美容室とほぼ同じです。

利用者は福祉施設にいて自由に外出できない高齢者です。１カ月当たりの訪問回数、曜日や時間、料金の支払い方法などは各施設との契約であらかじめ定めています。出張先は92カ所あり、７割が老人ホーム、残りの３割が通所介護施設や病院です。

施設と契約しサービスを開始すると、まずやってくるのは女性客です。やがて、施設でともに過ごしている女性陣の美しくなった姿を見て、男性陣も利用するようになります。結果として女性が７割、男性が３割といった比率に落ち着きます。

人気のサービスは白髪染めです。「今さら黒髪の自分を拝めるとは思わなかった」と喜びの声をよくいただきます。「そらいろ号の到着は入居者にとって一大イベントになっていて、車に乗り込む前から表情が普段とはまったく違う」と施設のスタッフから驚かれます。

――一般的な訪問美容との違いは何ですか。

カットやシャンプー、ブロー、パーマ、カラーなど、美容室と聞いて思い浮かぶサービスをフルで提供できる点です。

一般に訪問美容では、普段は美容室で働く美容師が、はさみや整髪料、移動式のシャンプー台やリクライニングチェアを持ち込んで施術します。必要最低限の装備で各家庭や施設を回るため、店舗と同じようにサービスを提供するのは難しいのです。一方、そらいろ号には設備による制約はありません。

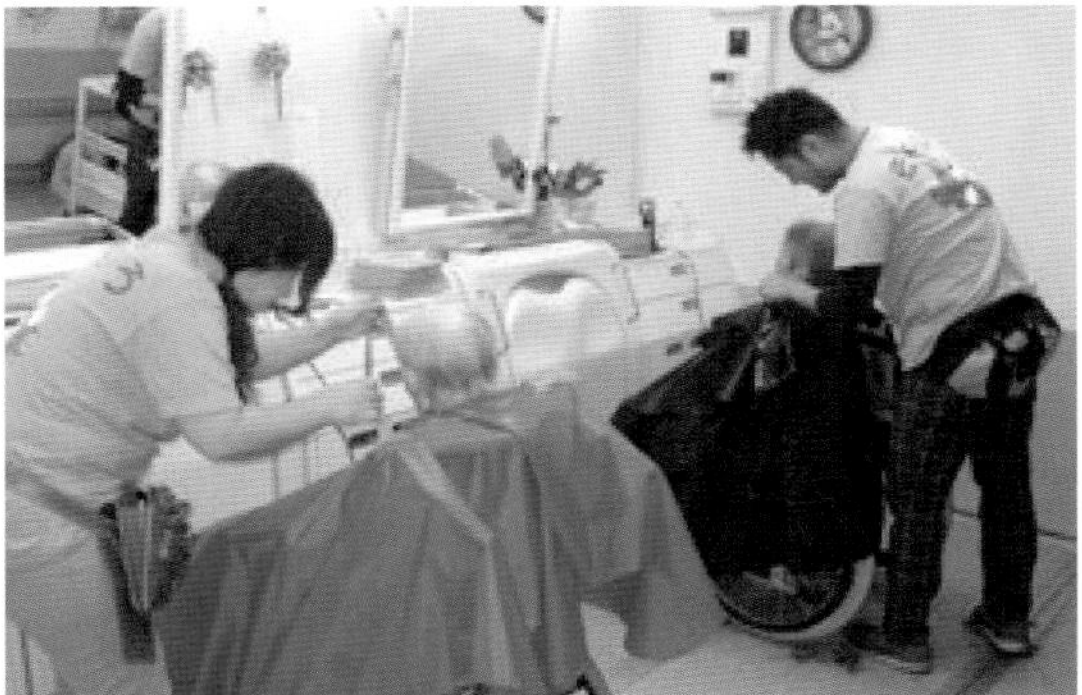
そらいろ号での施術

福祉施設を対象にしているので、バリアフリーにも力を入れています。例えば、シャンプー台の高さを変えられるので、車いすに乗ったまま施術を受けられます。切った髪の毛が車いすに付着しないよう、全体を包む大きなケープを用意しています。そのほか、つまずかないように電気コードは床ではなく天井に通すなど、安全に配慮しています。

高齢者施設には、1日中屋内にいて寝間着のまま過ごしている方が少なくありません。それでも、施設の駐車場や庭に停めたそらいろ号まで、利用者の皆さんはわざわざおめかしして来てくれます。

「そらいろ」という屋号には、外に出て空を見てほしいという思いを込めています。空間やフルサービスにこだわったのは、美容室に出かけたと思ってもらえるようにするためです。短い距離だったとしてもお出かけ気分を味わってもらう。これが当社の目指すサービスです。

人材と勤務時間をマッチング

——なぜ移動美容車に着目したのですか。

老人ホームに入居していた祖母を美容室に連れて行ったところ、とても喜んでくれたのです。本人の希望で連れ出したのですが、３日前に施設で髪を切ったばかりだったと後から聞き、なぜだろうと思いました。

祖母のいた施設では、ブルーシートの敷かれた会議室に入居者が集まり、近所の美容師に散髪してもらい、切った髪の毛を洗い流しにお風呂に直行する日が設けられていました。美容業界には、高齢者向けに「福祉カット」という言葉もあるようです。男性ならこう、女性ならこうと決まった髪型にすることを意味します。何だか味気ないですよね。年を取ってもおしゃれは楽しいはずです。わくわくする美容サービスがあってよいと思いました。

事業化に向けて動き出したのは２００９年ですが、創業にこぎ着けたのは２０１１年でした。車両の開発や許認可の取得に時間がかかったためです。

――２年もかかったのですか。さまざまな苦労があったのでしょうね。

わたしは新聞販売店を経営していますが、美容業の経営経験はなく、何もかも手探りだったのです。しかも移動美容車自体が群馬県初の取り組みでした。保健所で営業許可について確認すると、前例がなく難しいかもしれないという反応でした。

事業化の鍵になるのは車両の開発です。条例に定められた作業場と待合スペースの広さを確保する必要がありました。車の改造メーカーを50件ほど当たって、ようやく話を聞いてくれる会社を山口県で見つけました。そのメーカーは移動スーパーや移動ＡＴＭなど変わった車を開発していました。

群馬県の条例に合わせて描いたトラックの設計図を保健所に提出し、改めるべき点を指摘してもらうことを繰り返しました。最も大変だったのは、荷台部分が横に広がるようにすることです。これにより、条例で定める必要平米数をクリアでき、車いすがすれ違えるスペースを車内に確保できました。保健所の営業許可のほか、陸運局の車両改造許可を取得できることが確実になった段階で、約２０００万円の開発費を地元の金融機関から調達しました。

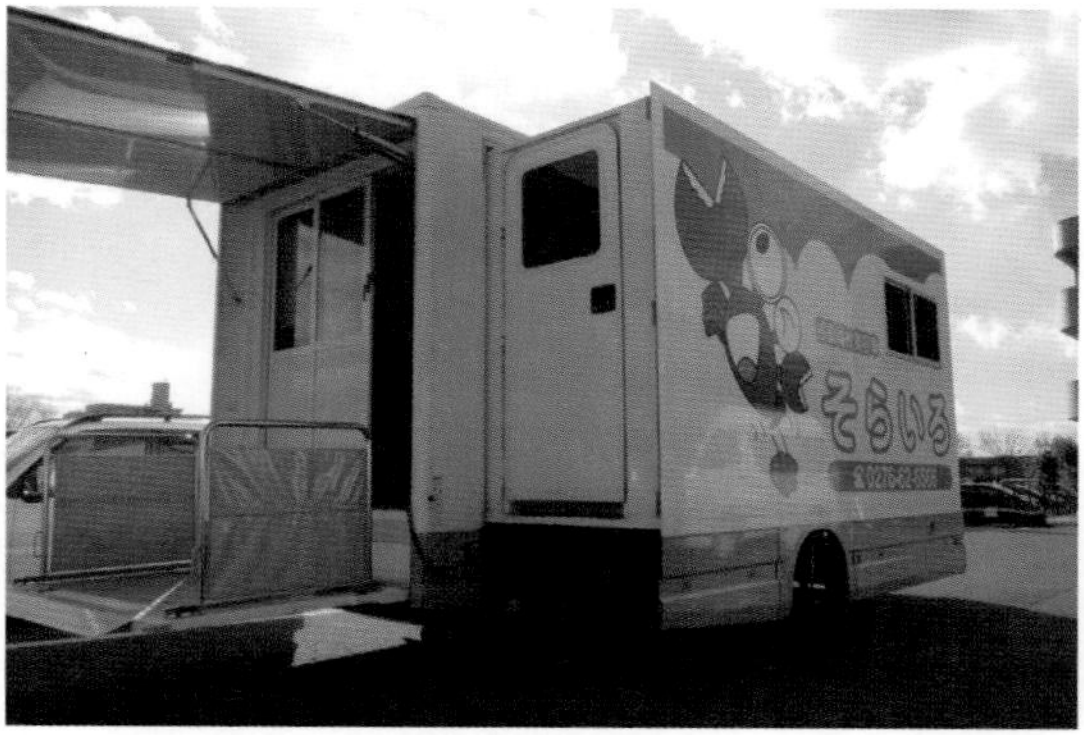

荷台部分が横に広がって大きな空間に

また、納車の半年前からそらいろ号のイメージ写真を載せたパンフレットをつくり、営業活動を始めました。関心を示してくれたいくつかの施設で納車後に無料の体験会を実施したところ、ほとんどが契約に至りました。施術を体験した入居者がその場で「また来てほしい」と言ってくれたおかげです。そらいろ号の出来栄えや体験者の喜ぶ姿を見た施設のスタッフも、サービスの質の高さを認めてくれました。

出張先の数は初めの年に30件、翌２０１２年には契約施設から系列施設への口コミもあって50件に増え、経営は軌道に乗りました。埼玉県や栃木県にも出張先が増えて1台では回り切れなくなったことから、２０１５年にそらいろ２号を導入しました。各地の保健所の営業許可も取得しています。現在は定休日の日曜日以外、２台とも予約でいっぱいです。

――サービスの担い手となる美容師はどのように確保したのですか。

結婚や子育てなどで一度ははさみを置いた美容師をターゲットに求人しました。本当はまた働きたいけれど、フルタイム勤務は困難だったり、別の仕事に就いていたり、あるいは若い美容師と同じ職場で最新のおしゃれを追うのはためらいがあるといった理由で、復帰を悩む美容師がいると聞いたからです。せっかくの国家資格がもったいないですよね。そらいろ号なら、こうした美容師の受け皿になれると考えました。

というのも訪問日と時間を先に決めているため、各美容師の勤務可能時間と照らし合わせて確実なシフトを組めるからです。美容師とは現地で集合し、すぐ施術を始めるので、アイドルタイムも発生しません。

　現在、15人いる美容師のうち12人はアルバイトです。当社の仕事に専念する人もいれば、時間の合間を縫って月2、3回シフトに入ったり、子どもの夏休み期間だけ勤務したりする人もいます。

　美容師は40歳代の女性が中心です。高齢になった親と接しているなかで、お年寄りを思いやる心を強く抱く世代ですから、当社の目指すサービスに共感してくれます。気持ちが指先にこもるのか、「またあなたにお願いしたい」と指名を受ける美容師が多く、皆の士気は高いです。

　配車や美容師のシフト調整などは、別に経営する新聞販売店の建物の1室で、わたしが担当しています。


――そらいろ号の操作方法や車いすの動かし方など、美容師が勉強しなければならないことは多そうです。

　特別な訓練は行っていませんが、美容師がすぐ職場になじめるよう研修用ＤＶＤを制作し、教材として活用しています。

どのボタンを操作してそらいろ号の扉を開けたりリフトを動かしたりするのか、車いすで段差を安全に越える方法、スタイリングチェアに座ってもらうときの介助の仕方などを映像で理解できます。これにより、全員が滞りなくサービスを提供できるようになりました。

また、施設の部屋からそらいろ号まで利用者を案内する係とドライバーについては、専任のスタッフを配置しています。利用者や施設のスタッフからは、いつも同じ案内係とドライバーが来るので安心して任せられると評価されています。お互いに勝手がわかっているので、スムーズに仕事を始められるわけです。これまで事故が起きたことはありませんが、当社は傷害保険に加入しています。安全と安心を重視する姿勢が、利用者や家族、施設のスタッフからの信頼につながっています。

行き先さえあればよい

――コロナ禍で大きな影響があったのではないでしょうか。

２０２０年の４、５月の仕事はすべてなくなりましたが、その後は以前と変わらないペースで稼働しています。

屋外に停めているそらいろ号では、ドアと窓を開けっ放しにすれば換気はばっちりです。利用者が空間を共にするのは同じ施設の入居者と当社のスタッフだけですので、普通の美容室と違って不特定多数と接触することもありません。コロナ前から安全と安心を追求してきたことが改めて評価されたと思います。

――それにしても、前例がないといわれた移動美容車のビジネスをよく実現できましたね。

未経験だからこそ突っ走れたのだと思います。新聞配達は待ちではなくこちらから動く仕事で、必要なのは行き先です。祖母の姿を見て、外出できないためにおしゃれを諦めている人がいると知ったわたしにとって、美容室をまるごと届けるという発想は自然なことでした。

一般の美容室では、消費者本人に施術しその場で料金をいただくのが普通です。一方、当社の契約相手は企業で、料金の掛け払いにも応じています。美容業の常識がないからこそ、独自のビジネスモデルを築けたのだと考えています。

そらいろ号の運営を始めてからは、美容室のようにすでに確立したビジネスモデルでも、まだまだ高齢者向けにカスタマイズする余地があるはずだと考えるようになりました。

例えば、コロナ禍で注目されるようになった料理の宅配もそうです。わたしは利用するだけでなく自らスタッフとして働き、注文を受けて料理を届けるまでの流れを体験してみました。非常によくできたサービスですが、若い人には何ともないインターネットでの注文が、お年寄りには難しいとも感じました。こうした気づきを生かし、訪問美容以外のサービスを始めることができたらと考えています。

高齢者は長い人生をがんばって生きてきて、社会の発展に貢献してきた人たちばかりです。皆さんが、いつまでも人生を楽しく過ごせるようなお手伝いをしたいと、日々考えています。

≪取材メモ≪

本来は利用者の外出を不要にするための訪問美容サービスで、お出かけ気分を提供していることが、そらいろ号のユニークな点である。長山さんがビジネスモデルを築くため工夫したことは大きく二つある。

一つは、空間づくりである。2年もの歳月をかけ、車の改造メーカーや保健所と連携し、美容室だと胸を張っていえる移動美容車を完成させた。

もう一つは、いったんはリタイアした美容師を貴重な戦力として迎え入れたことである。各施設と結ぶ契約にもとづき施術の時間割りを事前に作成しておくことで、従事できる時間に限りのある美容師でも活躍できるようにした。

前例のないビジネスを実現できたのは、未経験だったからこそだと長山さんは語る。そして現状に満足することなく、ほかにも高齢者の力になれる仕事がないかどうか模索している。自由な発想とチャレンジ精神で新次元の訪問美容サービスを生み出した事例である。

（山崎　敦史）

事例5

ライブカメラで売り場の今を発信する鮮魚店

㈱黒崎鮮魚

代表取締役　黒崎《くろさき》 康滋《こうじ》

企業概要

代 表 者：黒崎 康滋
創　　業：1950年
資 本 金：500万円
従業者数：15人
事業内容：鮮魚を中心とした食品スーパー
所 在 地：富山県富山市寺島1456
電話番号：076(471)8712
U R L：https://kurosakiya.co.jp

㈱黒崎鮮魚はJR富山駅から車で10分ほどの郊外で食品スーパー「黒崎屋」を営んでいる。決して大きいわけではないその店舗には来客が絶えず、評判を聞きつけたプロの料理人もこぞって利用する。売り場に革新を起こし、多くの顧客から選ばれるようになった背景には、代表取締役で３代目の黒崎康滋さんによる創意工夫があった。

突然家業を継いで

――「黒崎屋」はどのような店舗なのでしょうか。

富山湾で水揚げされたばかりの鮮魚を中心とした食品スーパーです。精肉部門には県内にある牧場の直営店である「メツゲライ・イケダ」がテナントで入っています。青果部門と総菜部門は委託販売の形を採っています。無農薬や有機栽培に取り組む県内の農家からは採れたての野菜と果物を、県内の飲食店からは出来たての総菜を出品してもらっています。

営業時間は午前9時から午後7時です。開店が少し早い分、閉店も早めです。また、日曜日は定休日なので、大型スーパーに比べると営業時間は短いです。そのうえ、売り場面積は144平方メートルと大きい店舗ではありません。それでも、平日はおよそ600人、土曜日には1000人を超えるお客さまに来店いただいています。

――黒崎さんが家業を継いだ経緯を教えてください。

もともとは父がほかのスーパーのテナントとして鮮魚店を営んでいました。わたしは継ぐつもりはなかったです。常に仕入れや調理に追われる父の姿を見ていたので、体よりも頭を使う仕事をしたいと思っていました。大学で経営学や公認会計士試験の勉強をしようと思い、慶應義塾大学商学部に進学しました。

ただ、在学中に父が病気で倒れてしまい、店を手伝うために東京と富山を行き来することになりました。大学卒業までに公認会計士試験を突破することができず、そのまま家業を継ぐことを決意したのです。

まさか継ぐとは思っていなかったので、鮮魚店の仕事内容はほとんどわかりませんでした。しかも、父が倒れたことや、近隣に大型スーパーの出店が続いたこともあり、継いだ当時の年商はピークの7割ほどでした。勉強した経営学を生かして競争環境を分析したところ、長くはもたないという結論にしか行きつきません。何とか立て直さなければと気持ちを改めました。

おしゃれなデザインの店舗

――生き残るためにどういった取り組みをしたのでしょうか。

ほかの店には負けない強みを手に入れる必要がありました。お客さまが求めているのは何といっても商品の質と価格ですので、とにかくその二つを磨こうと思ったのです。

商品の質を向上させるために、魚の特徴やさばき方に関する本を読み込んで知識を学び、それを実践して腕を磨きました。最初は素人同然だった魚の目利きも、とにかく仕入れてみて店頭でお客さまの反応をうかがい、それを次の仕入れに生かすことを繰り返して身につけていきました。

また、当時は富山県内の漁港2カ所から仕入れていましたが、欲しい魚を満足に仕入れられないことが多々ありました。水揚げされる魚の種類や質は、季節やその日の気候、そして漁港ごとに変わります。いくら目利きを鍛えても、仕入先の漁港に目当ての魚がなければ意味がありません。価格も水揚げ量によって異なりますので、良いものを質に見合った価格で仕入れるためには仕入先の多様化が必要でした。

そこで、それまでチェックしていなかった漁港に足しげく通い、県内すべての漁港に仕入れルートを構築しました。これにより、富山湾中の魚を新鮮な状態かつ安定した価格で仕入れることが可能になったのです。並行して大型の水槽を導入し、魚を生きたまま保管できるようにしたことで、台風などで漁がストップしても新鮮な魚を販売できる態勢も整いました。

こうした取り組みによって売り上げは回復しましたが、望外にお客さまの幅も広がっていきました。これまではスーパーに来店する一般消費者向けの小売りがほとんどでしたが、徐々に業務店、特に飲食店向けの卸売りが増えていったのです。

――黒﨑さんの努力がプロの料理人に認められたということですね。

富山湾で最も良い魚を仕入れるためには、すべての漁港を見に行く必要があります。ただ、料理人の方々にそのような時間はありません。代わりにわたしたちがその役割を担うことで、飲食店の皆さんは仕込みや調理に多くの時間を使えるようになります。次第に料理人の間で「ここに頼めばその日富山で一番の魚が手に入る」と評判になり、紹介や口コミでお客さまが増えていきました。今では県内外の有名な飲食店にも魚を卸しています。

卸売りが増えるにつれ、目当ての魚があるか電話で問い合わせをいただくことが多くなりました。売り場を見てもらえれば一瞬で済むようなやりとりであっても、言葉で説明すると10分以上かかることもあります。多くの魚を用意していますが、それでも要望に対応しきれない場合には、わたしたちだけでなくお客さまにとってもやりとりに費やした時間が無駄になります。そこで、事前に商品や価格などの情報がわかる仕組みをつくりたいと考えました。ちょうどテナントの店も手狭になってきたので、２０１９年に自分たちの店舗を構えることを決意しました。

来店せずに確認できる売り場

――新店舗にどのような仕組みをつくったのですか。

ショーケースの上にライブカメラを16台設置し、業務店のお客さま向けに売り場の映像をオンラインで発信できるようにしました。高解像度カメラなので魚の状態はもちろん、価格のラベルまでしっかり視認できます。

ＰＯＳシステムともリアルタイムで連動しているので、今売り場にある魚の種類や残量、価格の一覧をネット上で確認できます。来店したり電話で問い合わせたりしなくても、お客さまはパソコンやスマートフォンを通じて、実際に鮮魚売り場にいるような体験ができます。当店の会員になった業務店のお客さまは、オンラインで魚の目利きから注文まで完結できるシステムになっています。

――カメラを設置したことでどういった効果がありましたか。

お客さまからの問い合わせに対応する負担が大きく減りました。一般のお客さまも、静止画とリストで鮮魚売り場の最新状況を確認できます。結果、家にいながら気軽に取り置きの相談ができる、旬の魚を確実に買えるので助かる、という声をいただくようになりました。

メリットはほかにもあります。従業員も鮮魚や総菜の売り場の映像をスマートフォンで見られるので、バックヤードにいながら販売状況を把握し、的確に商品を補充できます。

当店は時間帯によって客層が大きく変わる特徴があります。午前中は業務店のお客さまが多いので、鮮魚売り場には丸魚やサクを中心に並べています。午後は一般のお客さまが大半なので、売り場も刺身や加工品中心に切り替えます。このタイミングを誤ると午前中に残った業務店向け商品が最後まで売れず、廃棄になってしまいます。そのためわたしが遠隔で売り場を確認し、例えば昼

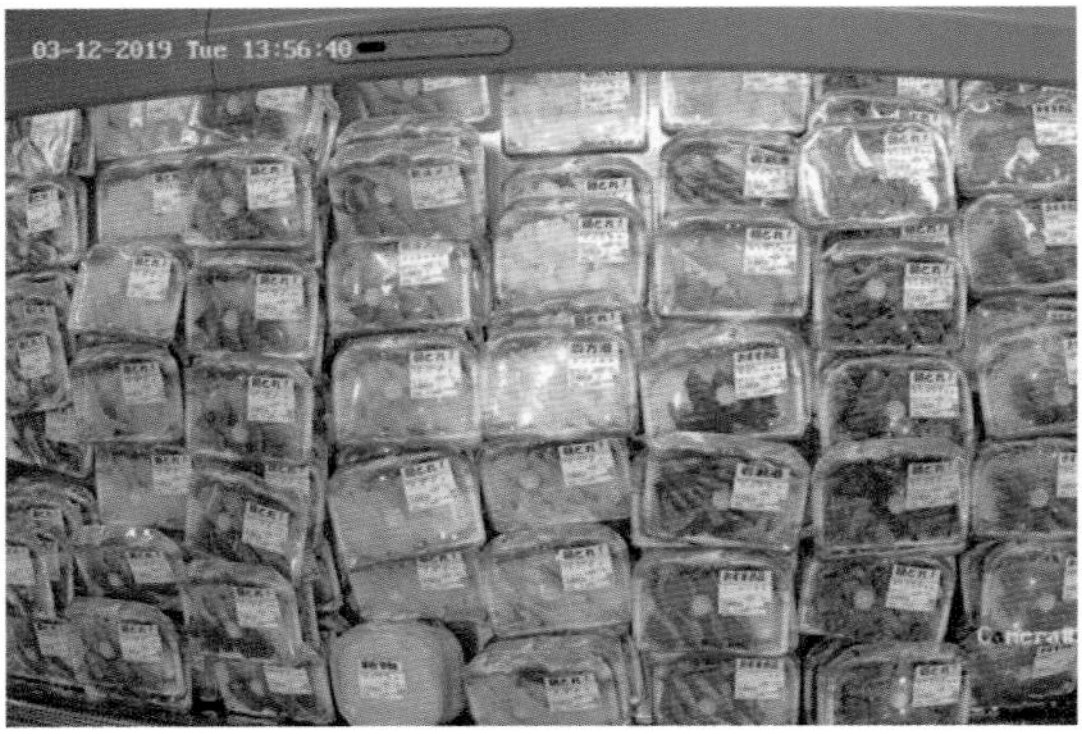

オンラインで確認できる黒崎屋の鮮魚売り場

過ぎまで丸魚が残っていたら、煮付けに加工してほしいなどと指示を出しています。状況に応じて臨機応変に判断できるので、売れ残りはほとんどありません。

青果部門にもカメラを導入しています。農家の方も売り場をリアルタイムで確認し、欠品前に補充してくれるようになりました。

――なぜ新店舗では鮮魚以外も取り扱うようにしたのですか。

出店地が郊外なので、鮮魚だけでは集客面に不安がありました。しかし、単なる食品スーパーでは特色がありません。そこで、少し遠くても黒崎屋に行って良かったと思ってもらうために、「富山のよきものが集まる店」を目指すことにしたのです。

わたしたちはあくまで鮮魚のプロなので、鮮魚以外の食品はそれぞれのプロに厳選してもらい、質や鮮度を高い水準で統一しています。業務店のお客さまからも、鮮魚以外の食品もまとめて仕入れできると好評です。

――黒﨑さんの発想や工夫の源泉はどこにあるのでしょうか。

カメラを設置する発想は、ある農産物直売所でカメラを設置する実証実験が行われていると知り、これを応用すれば鮮魚店の課題も解決できると考えたことから生まれました。鮮魚の分野に限らず、ビジネスの流行や斬新な取り組みを広く吸収するよう心がけていたことが、新しい工夫につながったのだと思います。

鮮魚の世界では感覚が重視されがちですが、わたしの考え方の土台には経営学的なものの見方があると思います。競争構造を把握するファイブフォース分析のようなフレームワークを使い、いかに競争優位を確立するかという観点で考えています。

実際に経営していると、経営学の知識がそのまま使える場面もあれば、教科書どおりにはいかない場面もあり、とても面白いです。大学生の頃に思い描いていた姿とは少し違いますが、頭と体をバランス良く使った仕事ができていると感じています。

幸せを生み出す店舗に

――小さな鮮魚店から食品スーパーにまで成長しましたが、一貫して大事にしていることはありますか。

良いものをそろえ、安定した価格で提供することです。過度に安売りすると、供給業者の方々が正当な対価を得られません。結果として商品の質が低下し、お客さまも良いものを買えなくなってしまいます。

漁師の方々の収入が少しでも高くなるよう、鮮魚は適正価格で仕入れています。複数の漁港を比較して相対的に条件の良いところから仕入れているので、価格面で他店に劣ることはありません。また、青果と総菜は出品者が自ら値付けをしています。良いものを適正価格で販売できる場を提供することで、お客さまと取引先の双方が幸せになれる店舗を目指しています。

――新型コロナウイルス感染症による影響はありましたか。

コロナ禍によって外食の機会が減った分、家でちょっと良いものを食べたいと思うお客さまが増え、全体として売り上げは増加しました。オンラインで品ぞろえが確認できるので、商品を探す時間を省けたり、取り置きが頼みやすかったりと、密を避けながら買い物ができる点もプラスに作用しているかもしれません。

一方で、飲食店の方々はとても厳しい状況にあります。わたしたちもどうにか協力できないかと思い、総菜づくりをお願いしています。地元の食材を知り尽くしたプロがつくるので、お客さまからの評判はとても良いです。なかには総菜の売り上げが１カ月で１００万円を超える飲食店も出てきました。大変なときだからこそ、一丸となってコロナ禍を乗り越えたいと思っています。

――今後の展望を聞かせてください。

テナント営業になっている精肉を除くと、現在は売り上げの大半を鮮魚が占めますが、今後は青果や総菜の委託販売の割合を高めていきたいです。各部門の売り上げがバランス良くなっていけば、名実ともに「富山のよきものが集まる店」になると考えています。

将来的には多店舗展開を考えています。富山県は山間地域が多いので、固定の店舗にこだわらず、移動スーパーのようにこちらからお客さまのところへ行って販売するのも戦略として面白いかもしれませんね。

≫取材メモ≪

黒崎屋のホームページで見る売り場の画像は想像以上に鮮明であり、色とりどりの魚からはカメラ越しでも新鮮さが感じられた。

黒崎さんは複数の仕入れルートを確保し、ライブカメラを活用することで、富山湾中の魚を遠隔で品定めできる画期的な売り場を構築することに成功した。商品の種類や品質、価格の変動が大きく、商品と顧客のニーズにミスマッチが生じやすいという鮮魚特有の課題を乗り越えた好例だ。売り手と買い手の時機を合わせる機能も果たしている。

小さな鮮魚店を人気食品スーパーに変えた黒崎さんの強みは、情報のアンテナを広く張り巡らせている点だと感じた。広く集めた情報と現場の最前線で磨いた感覚、そして経営学の知見を組み合わせた工夫こそが、競争力の源となっている。ビジネス環境が目まぐるしく変わる今の時代は黒崎屋にとって一層の進化を遂げるチャンスかもしれない。

（原澤　大地）

事例6

宅配で温泉を身近なものに

㈱創泉コーポレーション

代表取締役　野頼《のより》　健《たけし》

企業概要

代 表 者：野頼　健
創　　業：2006年
資 本 金：1,000万円
従業者数：9人
事業内容：温泉販売
所 在 地：神奈川県小田原市扇町4-7-11
電話番号：0465(34)5774
U R L：https://sosen-corp.co.jp

日本屈指の温泉地、箱根。㈱創泉コーポレーションが販売する温泉の源泉は神奈川県箱根町の強羅にある。2010年から地域初となる温泉の宅配サービスを開始し、県内の小田原市や南足柄市などに強羅の湯を届けている。無色透明で無臭、わずかに塩味のあるアルカリ性の泉質は、疲れを癒やしてくれると好評だ。宅配を始めるきっかけは何だったのか、そして事業はどのように広がったのか。社長の野頼健さんに聞いた。

宅配で温泉を届ける

――温泉の販売方法について教えてください。

二つあります。一つは引き湯と呼ばれる、源泉から販売先の施設まで配管を通して温泉を流す方法です。当社の温泉の源泉は地下460メートルの所にあります。地上から源泉に二重のパイプを通します。内側は空気を入れるためのエアー管、外側は温泉をくむための揚湯管になっています。コンプレッサーでエアー管に勢いよく空気を入れ、その空気が揚湯管から地上に戻る力を利用して温泉をくみ上げます。くみ上げた温泉はいったん、50トンの貯蔵槽2基にためておきます。そして、この貯蔵槽から販売先まで、地中に通した配管で流していきます。これが引き湯の仕組みです。

貯蔵槽から販売先に温泉を流す際は、標高差を利用して自然流下させます。そのため、引き湯できるのは、標高約700メートルにある貯蔵槽よりも低い場所に限られます。また、標高だけでなく距離も重要です。販売先との距離が離れれば、その分だけ配管が長くなるのでメンテナンス費用が高くなります。利用先は、自身に近い源泉から購入するので、商圏は一定の範囲に限られるのです。

現在、引き湯をしている先はホテルや企業の保養所、リゾートマンションなど14件で、いずれも当社から1・2キロメートル以内にあります。1口当たり月額9万5000円で、毎分5リットルの温泉を供給し続けます。口数を増やせば供給量を増やすことができます。取引先のなかには6口利用している先もあります。

――もう一つの販売方法である宅配についても教えてください。

宅配では、貯蔵槽の温泉をタンクローリーに積んで販売先に届けています。当社は3トンのタンクローリーを4台保有し、現在、15カ所に届けています。こちらも企業の保養所やリゾートマンションなどが中心で、標高や源泉からの距離など立地の制約から引き湯が難しい方にご利用いただいています。

価格は、基本料金が毎月1万円、そして1000リットル当たり6000円の従量制です。引き湯に比べて1リットル当たりの価格はやや高くなりますが、配管をつなぐ設備投資やメンテナンスが不要です。必要な分だけ利用できるので温泉を無駄にすることもありません。手軽に箱根の温泉を楽しめるとあって、定期的な配達のほか、東京や横浜などで開催されるイベントに足湯用の温泉を運ぶこともあります。

強羅には引き湯をやっている業者は多いのですが、宅配をやっているのは当社だけです。利用者からは、温泉施設に出向く時間を省ける、自分の別荘で温泉を独り占めできるなど、好評です。

――宅配を始めた経緯について詳しく教えてください。

当社が販売している温泉は１９６６年に掘削されたものです。温泉販売業を経営していた会社に後継者がいなかったことから、２００６年に当社が源泉や供給設備を引き継いだのです。

温泉を掘り当てて販売するには、温泉掘削許可や温泉動力装置許可の申請が必要です。掘削には莫大な初期費用がかかることから、参入は簡単ではありません。当社は幸いにも源泉を引き継ぐことで、温泉販売業に参入できました。

販売先も引き継いだので、創業当初から経営は安定していました。ただ一つ、気になって

強羅の温泉を多くの人に届ける

いたことがありました。それは温泉の供給余力のことです。１日当たり約30トンもの温泉が余っていました。当社はこの経営資源を何とか有効活用できないかと考えたのです。

ただ、当時の販売方法は引き湯だけでしたし、近隣にあるのは業歴が長くすでに温泉を引いている施設ばかりです。強羅で新たな販売先を見つけ出すのは難しそうでした。そこで、商圏を広げるために宅配に目をつけたわけです。

どこでも温泉が湧いていそうなイメージのある箱根ですが、町やその周辺には温泉の引かれていないリゾートマンションや保養所もけっこうあります。こうした施設に温泉を届けたら喜ばれるのではないかと思いました。宅配なら必要なときに温泉を届けられるので、例えば滞在する日に合わせて新鮮な温泉に入ることができます。温泉施設と同じかそれを上回る価値を提供できると考え、創業から４年後の２０１０年、宅配を開始したのです。

災害時に活躍

――サービスを始めるに当たって大変だったことはありますか。

中古のタンクローリーを用意できたので費用を抑えて始めることができました。ほかには貯蔵槽から宅配用の温泉をくむ配管を追加したくらいで、大きな苦労はありませんでした。
温泉を運ぶドライバーとしてアルバイトを3人募集しました。販売先ではタンクから耐熱ホースで浴槽に温泉を流し入れるだけなので、複雑な作業は必要ありません。そのため、車の運転ができれば、温泉に関する知識や経験は要りません。細かい条件をつけることなく幅広い人を対象に求人できたので、すぐにスタッフを確保することができました。こうして、準備期間1年足らずで宅配を始められたのです。

――販売先は順調に増えましたか。

宅配を始めたからといって、すぐに依頼が来ることはありませんでした。やはり温泉といえば、入りに行くものという先入観が強く、届けてもらうイメージが湧きにくかったのだと思います。まずは小さな実績をつくろうと思い、小田原市内の家庭を対象にキャンペーンを実施することにしました。小口の利用ですから1回の売り上げはわずかですが、少しでも一般の人に知ってもらおうと考えたのです。
ねらいは当たり、家庭向けキャンペーンを続けていくうちに、自宅で温泉が楽しめるという評判が口コミで広がっていきました。知名度が高まったおかげで、自治体や観光協会に営業しやすくなり、ホテルやリゾートマンションを紹介してもらえるようになりました。例えばリゾートマンションを建てるときは、自治体や観光協会が相談を受けることが多いです。よくあるのが、引き湯できる立地ではないのでどこかの温泉施設と提携できないかといった相談です。そこで当社と引き合わせてくれるわけです。

こうして地道な営業活動を続けた結果、今では温泉を余らせることなく販売できています。売り上げは、宅配を始める前に比べて約3割増えました。さらに最近、宅配が注目された出来事がありました。

――それは何ですか。

２０１５年の箱根山の小規模噴火と２０１９年の台風19号による自然災害です。幸いにも当社の供給設備は無事でしたが、少し離れた大涌谷は被害が大きく、源泉を供給するための施設や引き湯の配管の損傷により多くの業者が温泉を供給できなくなってしまいました。

復旧に時間がかかるため、温泉を売りにしている旅館は営業を停止せざるを得なくなっていました。そこで、当社が温泉を宅配することにしたのです。少しでも早い営業再開は地域のためにもなります。

このとき温泉を届けた旅館には、被害を受けた業者の設備が復旧してからも供給を続けています。白濁した酸性のお湯が特徴の大涌谷の温泉に対して、当社の温泉は無色透明のアルカリ性、泉質がまったく異なります。それらを日替わりで提供することで温泉旅館としての魅力が増したと喜ばれています。

引き湯には、標高や距離といった立地の制約があります。当社はこれを何とかしたいと考え、宅配を始めました。まさか、災害で役に立てるとは思っていませんでしたし、箱根の温泉のもつ魅力を改めて感じることにもなりました。同時に、当社の配管もいつか災害の影響を受けるかもしれないと考えたとき、宅配は当社にとっても重要な事業だと気づきました。

供給量の限界を超える

――新型コロナウイルスの影響はありましたか。

引き湯、宅配ともに販売先が減ることはなく、大きな影響は今のところありません。ただ、宅配では販売先の内訳に変化がありました。

旅館やホテルなどからの注文がやや減った一方、リゾートマンションからの依頼が増えたのです。コロナ禍で、不特定多数の人が利用する施設に行くのを避け、身内だけが利用するお風呂で温泉を楽しみたいと思う人が増えたのでしょう。

こうした需要の変化は、決して箱根の周りだけで起きているわけではないと思います。人との接触を理由に旅行や温泉を我慢している人は、少なくないでしょう。宅配であれば、誰とも触れ合うことなく自宅で温泉を思い切り楽しむことができます。コロナ禍の娯楽としても、接触を意識せずに温泉に入るという需要は広がっていくのではないかと思っています。

――温泉を届けてほしいという依頼は増えそうです。ただ、温泉の供給量には限界がありますよね。

そのとおりです。今では供給可能な量のほぼ上限まで販売することができています。そこで、さらなる需要に応えられるように、強羅から少し離れた温泉地である箱根町二ノ平と湯河原町の温泉販売業者と、温泉を融通し

肌触りが滑らかなアルカリ性の温泉

合う態勢を構築しました。これらの業者とは地域の経営者が集まる交流会で知り合い、関係を築きました。自然の影響を大きく受ける仕事という共通認識があったことも、連携を深めるきっかけになりました。

いずれの温泉も当社のものと泉質が異なりますので、販売先に対して新たな選択肢を提示することができるようになりました。温泉の供給に余力があって始めた宅配ですが、10年経った今、自社の供給量以上の販売が可能となりました。

――今後の展望を教えてください。

現在、不動産会社と協力して高所得者が暮らすタワーマンションへ定期的に温泉を届ける計画をつくるなど、新たな需要を探しています。とはいえ、やみくもに販売先を増やすことは考えていません。

当社は、引き湯でも宅配でも安定供給が何よりも大切だと考えています。引き湯の配管設備はこまめにメンテナンスしてきました。例えば、温泉をくみ上げるためのエアー管は2～3カ月に1度交換していますし、最近では配管をさびやすい鉄製から樹脂製に交換しました。不調が起きてからの対応では遅いからです。タンクローリーも常に点検と清掃を欠かさず、清潔を保っています。

今思えばメンテナンスの積み重ねがあったからこそ、自然災害の際も無事だったのかもしれません。箱根町は温泉地として有名ですが、町のなかで宅配をしている同業者はごくわずかですし、強羅に限れば当社だけです。当社には、強羅の温泉を広く多くの人に届ける供給責任があると自負しています。コロナ禍で大変な毎日が続く今だからこそ、お風呂でほっと一息ついてもらえるよう、今まで以上に良い湯を届けていきたいと考えています。

≪取材メモ≪

箱根湯本から箱根登山電車に揺られることおよそ1時間。温泉を目当てに多くの人がこの地を訪れる。人気の高い温泉を自宅にいながら楽しむぜいたくを可能にしたのが、㈱創泉コーポレーションだ。宅配を依頼すれば、いつでも好きな時間に強羅の温泉を満喫できる。

余剰の温泉を活用しようと宅配を始めた同社は、引き湯ができない場所にも販売先を増やすことに成功した。今では同業者と連携して自社の供給量を上回る温泉を届ける態勢を整えている。広がったのは商圏だけではない。提供できる温泉の幅も広がった。連携している同業者の一つは、強羅から約40キロメートル離れた湯河原町にある。宅配を始めたからこそ、遠くの業者とも温泉を相互利用できるようになり、温泉販売業者としての魅力が高まったのである。

不特定多数の人が集まる施設に出向かなくても、いろいろな温泉を楽しめるようにしたユニークなビジネスは、これからも重宝されそうだ。

（篠崎　和也）

事例7

画面の向こうにも食の温もりを

㈱ごはんのこと

代表取締役 菅野《すがの》 のな

企業概要

代 表 者：菅野 のな
創　　業：2007年
資 本 金：100万円
従業者数：8人
事業内容：料理教室
所 在 地：神奈川県川崎市幸区中幸町3-31-2
DAIKYO KENKI KAWASAKI BLDG. 7F 7-26
U R L：https://wakuwakuwork.jp

㈱ごはんのことが運営するオーガニック料理教室ワクワクワークは大人や子どもを対象にさまざまな講座を開催している。キッチンで講師と生徒が対面で行うのが当たり前だった料理教室をオンラインでも開催しているのが特徴だ。手探りでのスタートだったと代表取締役の菅野のなさんは話すが、非対面ならではのメリットに気づいたことでユニークなサービスを生み出している。

ＩＴから料理の世界へ

――提供しているサービスについて教えてください。

野菜を中心に、素材の味わいを楽しめるシンプルなレシピを教えています。子どもから大人までさまざまな講座があり、一緒に食を伝える講師を育成する講師養成講座も実施しています。

例えば、大人向けではおやつや離乳食をつくる講座、無理なくつくれる常備菜の講座などがあります。子ども向けの講座では、幼児や小学生を対象に、包丁の持ち方や郷土料理、発酵料理などを教えています。講師養成講座では、おやつづくりを徹底的に学ぶコースや、毎日のごはんを整え、日々をよりしあわせに過ごすために、できることを伝えるためのコースなどがあります。

受講方法は鎌倉本校への通学かオンラインかを選べます。授業時間や料金はコースによります。月１回６カ月のコースが人気ですが、子どもの自由研究にも役立つ、親子向けの単発講座も好評です。

――料理教室を始める前はIT企業にお勤めだったと聞きました。

ウェブディレクターとしてコンテンツの制作に携わっていました。当時はインターネットの利用が急拡大していた頃で、わたしはさまざまなサービスをオンラインで再現する仕事で忙しい毎日を過ごしていました。かかわったコンテンツの反響は今でも覚えています。

ウェブディレクターとしての仕事は充実していましたが、そこで一緒に働くメンバーの食生活に違和感を覚えていました。というのも、母が管理栄養士で、有機野菜をふんだんに使い、素材の味わいを大切にする食卓で育ってきたからです。自分が味わってきたような食を伝えていきたいとの思いから、母と二人で料理教室を始めることにしました。

少しずつ生徒さんが増えていくと、卒業生が手伝ってくれるようになりました。おかげで、教室の運営態勢が充実していきました。

教室の運営と並行してわたしはおやつや常備菜のレシ

食のお話を交えながら講義を進めていく

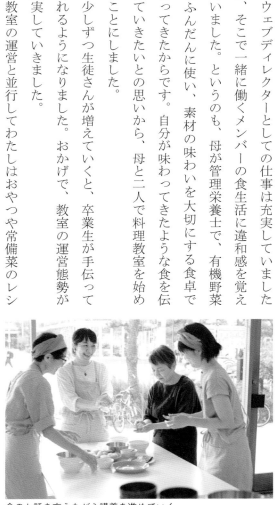

ピを本にまとめて出版しました。本やＳＮＳなどをきっかけに教室に通う方が増えていきました。わたしたちの料理に共感してくれる人がたくさんいるとわかり、より充実を感じるようになりました。

オンラインで広がる教室

――オンラインを活用するようになったきっかけを教えてください。

遠方に住む方や通学が難しい方にも参加できるようにしたかったからです。２０１７年、オンライン会議のアプリであるズームを活用して、食にまつわる話の配信をスタートしました。今でこそ有名なアプリになりましたが、当時はズームを活用して講義を配信する料理教室は珍しかったと思います。

生徒さんの反応は上々でした。そのうち調理の実習もオンラインでやってみたいと考えるようになりました。その矢先に起きたのが、新型コロナウイルスの感染拡大です。コロナ禍でオンラインでのコミュニケーションが一気に普及したので、生徒さんと講師をオンラインでつないで、おにぎりの実習からやってみることにしたのです。

――調理の過程を映すとなると、機材など準備が大変そうです。

用意したのはカメラとマイクくらいで、お金はほとんどかかっていません。むしろ大変だったのは講義の進め方です。

例えば見せ方です。講師の上半身を映すカメラと手元にフォーカスしたカメラを用意し、講義の間は講師を、調理作業を見せるときは手元を映すようにしました。カメラで手元を拡大することができるので、野菜の切り方など手元の細かい作業を従来の教室よりもさらに近くで見てもらえることに気づきました。

料理をつくる段取りも工夫しました。例えば主菜を煮込んでいる間に副菜をつくるようにすれば、オンラインでも十分に満足してもらえると実感しました。

そして、欠かせないのが生徒さんとのコミュニケーションです。講師からの一方通行にならないように、生徒さん同士も調理過程を見せ合いながら進めていきます。

例えばおやつづくりでは手元を映してもらい、練った

子ども向け講座では親子で成長を実感

後の生地感を確認して出来具合いをコメントします。また、アプリのチャット機能を活用して、困ったことがあればタイミングや周りの目を気にせず講師に質問してもらうようにしました。

――カリキュラム自体も見直したのでしょうか。

子ども向けの講座は大きく変わったと思います。子どもが集中できる時間は長くありませんから、今まで以上に飽きさせないための工夫が必要でした。そこで食材に関するクイズを挟んだり、鍋から聞こえてくる音を発表してもらったり。

子ども向け講座は単発のものから半年間にわたるものまであります。長いコースでは包丁の持ち方や野菜の切り方など調理の基本から始まり、後半では郷土料理の歴史も学んでいくなど、徐々にステップアップしていきます。オンラインでも講座を通じて親子で成長を実感してもらえるようにするにはどうすればよいか。生徒さんの反応を確かめながら、工夫を重ねる日々です。

オンラインでは味覚や嗅覚を伝えることができないので、どの講座も聴覚や視覚に訴えかけることを大切にするようになりました。

――やってみて気づいたことがたくさんありそうですね。

意外でしたが、オンラインならではの利点が多いことに気づきました。生徒さん側のメリットは大きく三つあります。

まず、自宅での再現性が高まることです。教室にある調理器具は自宅のものと同じとは限らないので、習ったレシピを自宅で再現できるか不安に感じる方がいます。しかし自宅でやるのですから、心配はありません。

次に、自宅だからこそ可能なレシピに挑戦できることです。例えば漬物づくりは保存容器と完成までの時間が必要になるので、教室でのカリキュラムには向きません。自宅ならこの心配がありません。

そして最大の利点は、つくった料理を食卓に並べられることです。講座で取り上げた主菜と副菜にごはんとみそ汁を用意すれば、そのまま夕食にできるからです。まさに一石二鳥というわけです。

オンラインでも笑顔が絶えない

食を通じて深まるつながり

――運営側にとってのメリットについても教えてください。

一つ目は、講師が自宅でも働けるようになったことです。自宅のキッチンを職場にできるからです。料理教室なのに講師がテレワークを選択できるようになりました。

二つ目は、仕込みの時間や手間を心配する必要がないので、扱うレシピの幅が広がったことです。レシピが多ければ教室の魅力はより高まることになります。例えば、発酵に時間のかかる甘酒をつくる講座もあります。

そして三つ目は、事業の幅が広がったことです。先日、約１００人がオンラインで集い、夕食をつくるイベントを開催しました。場所の制約がないオンラインならではの企画で、とても盛り上がりました。

実はこれ、企業の福利厚生の一環として生まれた企画なのです。コロナ禍でスポーツやキャンプなどの対面でのレクリエーションができないなか、食卓を囲んで関係を深めようと考えたのがきっかけです。

ある人はビール片手に、別の人は家族で参加と楽しみ方はそれぞれです。普段料理をしない方にも大好評でした。

イベントでは、事前に食材として使う野菜を配達するサービスも用意しました。当社が提携している業者から新鮮な野菜が事前に自宅に届くので、買い物の手間がかかりませんし、新鮮な野菜の見極め方もレクチャーできます。

自宅にいながら、同じ時間に同じ食材で料理をつくり、仲間と食卓を囲む。自然と交流は深まります。おかげさまで、このオンライン福利厚生イベントは、大手メーカーやＩＴ企業など多方面から問い合わせをいただいています。

――コロナ禍で人との距離が意識されるようになりました。御社のサービスは人と人とのつながりを強くするものといえそうです。

そう言ってもらえるとうれしいです。人と人とのつながりという面では、オンライン福利厚生イベントではもちろんですが、講師養成講座でも参加者同士の交流が盛んになっていると感じています。皆さん、オンラインでやりとりすることに慣れてきたからでしょうか。

講師養成講座では伝え方や見せ方など、教える立場に必要なノウハウを学びます。新型コロナウイルスの感染が拡大してからは、九州や関西など遠方からオンラインで参加する方が増えてきています。参加者との交流のなかでわたしたち講師も学ぶことが多く、あっという間に時間が過ぎてしまいます。

卒業してからのつながりも、オンラインをフル活用しています。自分の料理教室で起きたことを話したり、悩みを打ち明け合ったり。仲間の存在をモチベーションにしている卒業生が多いと思います。わたしも、皆さんとのつながりが日々の原動力になっています。

――ワクワクという教室の名前が示すように、教室にかかわる皆さんが料理を楽しんでいるのですね。

ワクワクワークを運営するスタッフにもそう感じてもらいたいと思っています。スタッフは20歳代から70歳代までと幅広い年代にわたりますが、世代を超えてチームワークの良いメンバーだと思います。

スタッフは集客チームや外部担当チームなど複数のチームに分かれて活動していますが、チーム内での出来事は皆でこまめに共有しています。仕事のローテーションも行い、一人ひとりが自分の能力に気づき、長所を伸ばしていけるような運営を心がけています。

――オンラインをフル活用しているのですね。

鎌倉の教室にキッチンはありますが、自宅で仕事、ミーティングもオンラインでやることが当たり前になりました。

テレワークで顔を合わせる機会が少ない分、相手への思いやりを大切にしています。困っているメンバーがいたら声をかけてフォローし合いますし、ちょっとした悩みを共有することで仕事のアイデアにつながることもあります。

皆でごはんを食べているとき、料理の仕事を選んで良かったと思います。食を通じた温かいコミュニケーションが当社には根づいています。

≪取材メモ≪

「さっきまで企業の福利厚生向けのオンライン講座を開いていたんです」と、画面の向こうから笑顔を見せてくれた菅野さん。もう一人の講師とともに、講座の合間に取材に応じてくれた。

料理教室は従来、対面で行うのが当たり前であった。だが、ＩＴ企業での勤務経験があった菅野さんはこの当たり前を疑った。コロナ禍に後押しされる形でオンライン教室を開催し、数々のメリットを発見した。例えば、生徒は習った料理をそのまま夕食にできる。講師側も自宅のキッチンを職場にできる。生徒と講師双方にとって、時間や空間を有効に使える仕組みだったのである。企業の福利厚生の一環で、料理の時間を楽しむというユニークなサービスの誕生にもつながった。

菅野さんたちの表情から教室の雰囲気が伝わってきた。今までの料理教室の常識を覆したワクワクワークの皆さんは、にぎやかなキッチン、そしてそこに集う人たちの温もりのすばらしさを教えてくれた。

（秋山　文果）

事例8

ひな人形を選ぶ喜びが家族をつなぐ

村山人形店

代表　村山《むらやま》 謙介《けんすけ》

企業概要

代 表 者：村山 謙介
創　　業：1946年
従業者数：2人
事業内容：節句人形の販売
所 在 地：長野県松本市中央2-5-32
電話番号：0263(32)1770
Ｕ Ｒ Ｌ：https://murayama-ningyo.jp

長野県松本市に店を構える村山人形店はJR松本駅から松本城に向かう途中、人形町通り沿いにある。立地柄、観光客が立ち寄ることも多い。2018年、3代目の村山謙介さんはホームページでひな人形の姿を好きなように決められるシステムを導入した。自分好みのひな人形を遠方から購入できる利便性だけでなく、ひな人形を選ぶ喜びが味わえると好評だ。村山さんがオンライン販売に込めた思いや工夫をうかがった。

多様な希望に応えたい

――お店の歴史を教えてください。

１９４６年に祖父が甘味処《かんみどころ》として創業しました。製糸業が基幹産業であった土地柄、絹地を使った節句人形づくりも盛んで、周囲には販売店が多くありました。当店も節句の時期が近づくと、節句人形を仕入れて販売していました。その後、高度経済成長期に入ると、豪華な人形で節句を祝う人が増え、当店も品ぞろえを充実させていきました。１９７０年代、この界隈《かいわい》には20近くの節句人形店が軒を連ねたそうです。今でも、人形町通りには１００メートルの間に同業者が5店あります。

当店は節句人形のなかでも、ひな人形を中心に販売しています。大きく3種類あり、一つは木目込みのひな人形です。木目込みとは、桐《きり》の粉とのりを混ぜ固めてつくった人形の胴体に溝を彫り、着物の生地を差し込みながら着付けていく技法です。地域の染織家とわたしの母が共同で制作しています。

二つ目は、京都の工房でつくる手描き京友禅をまとったひな人形です。人形がまとう衣装には、希望の絵柄を選ぶことができます。

三つ目は、名古屋の工房でつくる、衣装を着たひな人形で、１万パターン以上のなかから自分好みの衣装を選べます。わたしの代になってから、このオーダーメードに特に力を入れており、２０１８年には当店のホームページから注文できるようにしました。

――なぜオーダーメードに力を入れているのですか。

お客さまの細かなリクエストに応えるためです。ひな人形は既製の人形と飾り台、屏風《びょうぶ》、道具、花などをセットで販売するのが一般的です。販売は、年明けから3月の節句までの間に集中します。ひな人形は特殊な商品で、女の子が生まれた家庭にとっては買うこと自体は悩まず、どれにするかを決めるだけということがほとんどです。そのため売る側としては、できるだけ接客時間を短くして多くの注文に応じるのがセオリーです。既製品をテンポ良く売るというわけです。

ウェブオーダーの画面

そのため、節句人形店の多くは繁忙期だけアルバイトを雇い接客に当たらせます。既製品をセット販売するだけなら、ひな人形に関する知識が十分でなくても、問題なくできるからです。しかし、ここ十数年の間にお客さまがひな人形に求めるものが変わってきています。時間をかけて最適なひな人形を提案したいと思ったのです。

――どうしてニーズが変わってきたのですか。

背景には、ひな人形を飾る環境の変化があります。昔の和風家屋では、ひな人形は床の間に飾るものでした。ところが今は、洋風で床の間のない家屋が増えましたし、マンションなど飾る空間の狭いケースもあります。

住環境の多様化に伴い、ひな人形のニーズもさまざまになりました。三人官女や五人囃子《ごにんばやし》をつけることもあれば、親王飾りと呼ばれる、男びなと女びなだけにすることもあります。親王飾りにしても、飾り台を用意するのか、家にある棚などの上にのせるのか。人形の大きさはどうするのかなど、検討事項は多岐にわたります。また、飾る場所によっては採光の具合いで衣装の見え方が変わってきます。

親が子どもの健康を願ってひな人形を買い求める姿は、今も昔も変わりませんし、一生に一度の買い物ですから、住まいに合う人形を見つけたいはずです。当然、既製品では対応しきれません。時代の変化に合わせて、売るものも売り方も変わる必要があるのです。販売効率は落ちるかもしれませんが、一番映える、思い出に残るひな人形を届けたい。店頭販売から始め、間もなくオンラインにも対応しました。

選ぶ時間が価値に

――注文の仕方について詳しく教えてください。

ひな人形や飾り台などをそれぞれ選び、組み合わせていきます。選び方は簡単です。最初に飾りたい場所に合わせて、ひな人形のサイズと飾り台を決めます。選ぶ目安になるように、複数ある飾り台のそれぞれがどのような部屋向きか、どこに置くのに適しているかなどをオンライン販売のページでわかりやすく説明しています。価格は人形のみで16万円で、そこに飾り台などが加わります。

次に男びなと女びなの格好を選びます。女びなの場合は唐衣《からぎぬ》、唐衣裏地、上着《うわぎ》、五衣《いつつぎぬ》、単《ひとえ》の着物ごとに生地を選べるようにしています。唐衣と上着はそれぞれ68種類、唐衣裏地と単はそれぞれ18種類、五衣は11種類の生地を用意しています。お客さまからの要望やトレンドを取り入れて、少しずつ生地の絵柄や色を増やしてきました。選択した生地は画面上のひな人形にすぐ反映されるので、お客さまは仕上がりをイメージしやすく、着物の色の重なりを考える楽しさも感じることができると思います。

後は屏風、道具、花などの飾りをそれぞれ2、3種類のなかから選択し、全体の出来上がりイメージを確認して申し込みに進みます。

――オンラインで注文できるようにしたのはどうしてですか。

たくさんの選択肢を示すこと、そしてお客さまがじっくり選ぶ時間をとれるようにするためです。オンラインであればいつでもどこでも注文できるため、お客さまの都合の良いときに、好きなだけ時間を使ってひな人形を選ぶことができます。また、来店が難しい方や来店を希望しない方にも対応できます。

ひな人形は子どもが生まれて最初の桃の節句に用意します。寒い時期に小さな子どもを連れて店に行くだけでも大変です。長時間店に居るのも難しいため1回の来店では決められず、お客さまに何度も足を運んでもらったこともありました。さらに、祖父母が孫のために購入するケースもあります。遠方に住む祖父母の方に来店してもらうのは、心苦しいものがありました。

ひな人形を選ぶことが大変だったという思い出ばかりが残ってほしくありません。ひな人形を買うことよりも、子どもを中心に家族が楽しく集うことを大切にしていただきたいのです。この点、オンライン注文はお客さまの選択肢を増やすことにもつながり、利便性を高められたと思います。来店して購入する以上に、満足いただけるサービスを提供できるように工夫しています。

――どのような工夫をしているのでしょうか。

選択した着物の生地見本をお客さまに送り、事前に確認できるようにしています。実際にひな人形を飾る部屋の明るさで、着物がどのように見えるか、考えていた色調と合っているかなどを目で確認してから、決済に進んでもらいます。少し時間はかかりますが、工夫の甲《か》斐《い》あってか、出来上がりがイメージどおりだったとお客さまから好評です。

２０２０年12月には、お客さまとリモートで相談できる態勢を整えました。きっかけは新型コロナウイルス感染症の拡大です。

お客さまから、店舗に行くことは控えたいが話を聞きながら選びたいとの要望があったのです。２０１８年からオンライン注文に取り組んでいた下地があったので、リモート相談へスムーズに移行できました。

地域のハブを目指して

――お客さまの要望を受けてサービスが進化しているわけですね。

リモート相談ではパソコンやスマートフォンを使って、お客さまと店をオンラインで結びます。電話とは異なり映像も使えるので、店内のひな人形をお見せしながら、一緒に着物の柄や色の組み合わせなどを検討できます。店内には高性能カメラを導入し、着物がより鮮明に映るようにしました。また、お客さまのカメラで、ひな人形を実際に飾る場所を見せてもらうこともできます。より具体的な提案を、タイムリーにできるようになりました。

その場でやりとりできるからでしょうか、ぼんやりとした相談を受けることも増えました。例えば、子どもの生まれたときの情景や喜びを柄で表したいというものや、子どものイメージカラーを決めてデザインに反映させたいというものです。ひな人形にどのような思いを込めたいかをお客さまから引き出し、具体化をお手伝いします。

全国のどこに住む方も相談ができるのはもちろんのこと、祖父母の方とオンラインで集まり、３者で一緒に相談することもあります。実家に飾っていた人形のことや節句のときの思い出など、３者がそろうと会話は一層盛り上がります。ついつい本題から脱線してしまうこともありますが、そこからひな人形提案のヒントが見つかることもあるのです。

リモート相談を利用するのは遠方の方だけではありません。市内に住む方でも先にリモート相談で方向性を決めた後、実際に来店して生地を確認することがあります。リモート相談を導入したことで、お客さまの希望に応じて店舗とオンラインを使い分けながら、ひな人形を選んでもらえるようになりました。

リモート相談は予約制にしており、お客さまの話をじっくり聞く時間をとるようにしています。業界の常識にとらわれず接客時間を長めに確保することで、当店な

店舗の奥にはリモート相談ブースがある

らではのサービスに進化させることができたのではないかと思っています。

――お店の位置づけや存在意義は今後変わってくるのでしょうか。

コロナ禍を経験したこともあり、ひな人形をオンラインで注文するスタイルはこれからの主流になっていくかもしれません。それでも、地域を形成する店舗という空間の意義は薄れないと思っています。

わたしは今、店舗を活用していろいろなことに挑戦しています。例えば、信州みそやリンゴなど地域自慢の食材を加えた手づくりアイスクリームの販売です。観光で松本を訪れた人に気軽に立ち寄ってもらいたいですし、甘味処としてスタートした歴史を残せるとも思っています。

地域に根づく店舗

もう一つ、力を入れているのがお節句ツーリズムです。ひな人形を買いに松本に来てくれるお客さまに、楽しい旅行を提案するというものです。地元の人だからこそ知っている旅館や温泉などを紹介し、松本観光のハブになりたいと考えています。先日、オンラインで相談された方が、このサービスを利用してくれました。皆さん喜んでくださり、手応えを感じています。

今の店舗は２０１７年に内装を新調しました。壁は城下町らしく、しっくい塗りに、ひな人形の展示台には県の名産、カラマツを使っています。カラマツは経年で美しく色を変えていきます。当店も味わい深い進化を続け、末永く愛される店であり続けたいです。

≪取材メモ≪

ひな人形選びの相談や注文をオンラインでできるようにしたことで、村山さんは接客時間を節約したい節句人形業界の常識を覆し、じっくり顧客に向き合う時間を生み出した。顧客のニーズを満たし、より大きな付加価値を提供できるようになったのである。さらに、来店する顧客には対面による接客、来店しない顧客にはリモートでの接客と、顧客の都合に応じてみんなが満足できるようにした。節句人形業界の先端をゆく発想だったといえる。

ひな人形を選ぶひとときは、生まれた子どものことを家族みんなで考える貴重な時間である。そして毎年ひな人形を飾るたびに、みんなで選んだ記憶がよみがえる。お節句ツーリズムで訪れた松本の街も思い出すかもしれない。その子を思う気持ちが、長きにわたり家族の心に刻まれ続ける。村山さんが顧客と一緒につくるひな人形は、時間と空間を超えて思いを運ぶ、タイムカプセルそのものだと感じた。

（笠原　千尋）

事例9

非接触で仕上げる自分だけの一足

ビネット＆クラリティ㈹

代表社員　安田《やすだ》 翔也《しょうや》

企業概要

代 表 者：安田 翔也
創　　業：2018年
資 本 金：200万円
従業者数：2人
事業内容：機械学習、最適化、3Dモデルを伴う研究開発、靴のオーダーメードなど
所 在 地：神奈川県横浜市神奈川区白幡南町5-21
電話番号：050(3707)7452
U R L：https://vigne-cla.com

ビネット&クラリティ㈹は革靴のオーダーメードを手がけているが、店舗を構えていない。注文方法はシンプルで、お客さんが自分の足をスマートフォンで撮影した動画を送るだけだ。いつでもどこからでも注文できる。遠隔で正確に足の形を測る技術はどのように開発されたのか、話をうかがった。

足形を正確に測定

――事業内容を教えてください。

当社は機械学習、最適化、３Ｄモデルの三つの技術を生かし、企業のビジネスの効率化や新商品の開発をサポートしています。例えば、機械学習による物体の自動検知プログラムや、最適化アルゴリズムを用いて売り上げが最も大きくなる自動販売機の商品の組み合わせを探るプログラムなどを開発してきました。

このほか、新商品の形状をチェックするためのデジタル模型をつくり、３Ｄプリンターで印刷することもあります。そして、これら三つの技術を生かして２０１９年にスタートしたのが「Ｓｈｏｅ－Ｃｒａｆｔ－Ｔｅｒｍｉｎａｌ」です。

――どのようなサービスですか。

革靴のフルオーダーメードです。男性物も女性物も取り扱っており、どちらも好評です。このサービスの最大の特徴はオーダーメードにはつきものである、お店に行く手間が一切かからないことです。

通常、靴をつくりたい人は専門店に足を運び足形を測定してもらいます。メジャーや専用の計測器を使ったり、石膏《せっこう》で足形を取ったりします。これらのデータをもとに、木やプラスチックで立体的な型、いわゆる靴型をつくります。既製の靴型を微調整するセミオーダーと違い、フルオーダーでは一人ひとり専用の靴型をつくります。

靴型ができたら革で仮靴をつくり、試し履きしてもらいます。靴型を微調整するためです。値段や作業時間を抑えるため、仮靴の工程を省略することもあります。注文から完成まで、約1年かかることもあります。

これに対して、当社は1カ月ほどでオーダーメードを完成させています。店舗を構えず、工程の大半を自動化することで、注文から納品までの時間を短くしているのです。値段も4万～6万円と通常のオーダーメードの半額程度に抑えています。

当社の注文の流れはこうです。測定にはお客さまが撮った動画を使います。A4の紙1枚とスマートフォンを用意し、紙の上に片足をのせて2種類の動画を撮影します。一つは、足首から下をぐるっと一周撮影したものです。簡単にいうと紙のサイズと比較し、足の大きさを測定する仕組みです。もう一つの動画では、足の指をグーパーする動きを撮影します。これにより関節の位置を把握し、足の骨格や柔らかさを推定します。この2種類の動画を約1分ずつ両足分、合計4本撮影し送ってもらいます。いつでもどこからでも、誰にも足を触られることなくオーダーメードにチャレンジできます。

――お客さんが撮った動画だけで正確に測定できるのでしょうか。

しっかりピントが合っていれば、当社がつくるお客さまの足を再現した3Dモデルと実際の足の誤差は2ミリメートル以内に抑えられます。これはメジャーや専用の計測器を用いた従来の方法と遜色ありません。

手ぶれがあったり、ピントが少しでもずれたりすると測定の精度が落ちてしまいます。静止画ではなく動画を送ってもらうのは、足にピントがしっかり合っている一瞬を、機械学習を使って自動で抽出するからです。人間の足やピントが合っている画像はどういうものかをあらかじめ学習させてあるので、手間をかけずに短時間で正確に抽出できます。

足の3Dモデルから得た測定値をもとに靴型の3Dモデルをつくり、3Dプリンターで靴型を印刷します。この工程も自動化が大きく貢献しています。

靴型データは足の長さやかかとの幅、関節の位置などたくさんのデータを組み合わせながらつくります。例えば、靴型の幅を狭めたい場合、単純に幅を削るだけだと全体のバランスが崩れてしまいます。甲の高さを変えたり、甲から足裏までの自然な曲線を維持したりといった調整が必要です。つまり、１カ所だけを見るのではなく、足全体のバランスを常に考えなければなりません。

靴職人は経験を積み重ねてこの感覚を養ってきました。足の形は千差万別で考慮すべき点が多いですから、一足の靴型をつくるのに数日はかかります。

当社は最適化アルゴリズムを駆使して、靴職人が行う調整作業を可能な限り再現しました。最適化とは複数の選択肢から、最も良い結果を生むと考えられる組み合わせをコンピューターに選ばせることです。靴型でいうと、足の長さやかかとの幅などをお客さまのサイズに合わせたとき、甲の曲線やつま先のゆとりなどほかの部分の最適な形状を計算するということです。

見た目の美しさと履き心地はトレードオフの部分がありますから、このバランスも最適化の目的の一つです。最適解をみつけ靴型データを作成する工程は数分で完了します。その後の３Ｄプリントは半日程度を要しますが、人がかかりきりになる必要はありません。

メーカーや靴職人と協力関係を築く

――先進的なテクノロジーを活用しているのですね。とはいえ、靴づくりの知識や経験が土台には必要だと思います。

そのとおりです。このサービスは、靴づくりが趣味の従業員の主導でスタートしましたが、靴とＩＴの融合には特別な研究開発体制が必要でした。

実は、当社は「東工大発ベンチャー」認定企業で、メンバーのほとんどは東京工業大学で博士号か修士号を取得しています。機械学習の専門家として大手ＩＴ企業でシステム開発に携わる人や、科学史に詳しい人など、専門分野も経験もさまざまです。さらに義肢装具士にも加わってもらいました。メンバー以外に、靴のオーダーメード経験者や、靴職人などにも協力をお願いしました。

足の動画撮影から靴の履き心地のフィードバックを得るまでにはいくつもの工程があります。当社では一つ一つの工程を独立して評価しています。履き心地が不十分だった場合にどの工程が原因かを明らかにし、どこを改善しなければならないかを正しく把握するためです。遠隔と対面で測定を何度も行い、足の測定精度を高め、靴型の3Dプリントの精度も検証しました。こうして当社独自のシステムをつくりあげました。

──仮靴づくりも自動化しているのですよね。

通常、仮靴は革製ですが、当社では3Dプリンターを使って、樹脂製の透明な仮靴をつくっています。樹脂は革よりも固い素材なので、仮靴で歩いてみたときに足との接触箇所が気にならなければ、完成した革靴でも気になりません。

実はサービス開始当初は、仮靴づくりを省略していました。測定の精度は十分と考えていたので、仮靴で試さなくても出来上がりに不安はないはずですし、納期もさらに短くできるからです。しかし、予想していたよりも多く納品後にサイズの調整依頼が来てしまいました。

不思議に思いつつ、お客さまに詳しく話をうかがう

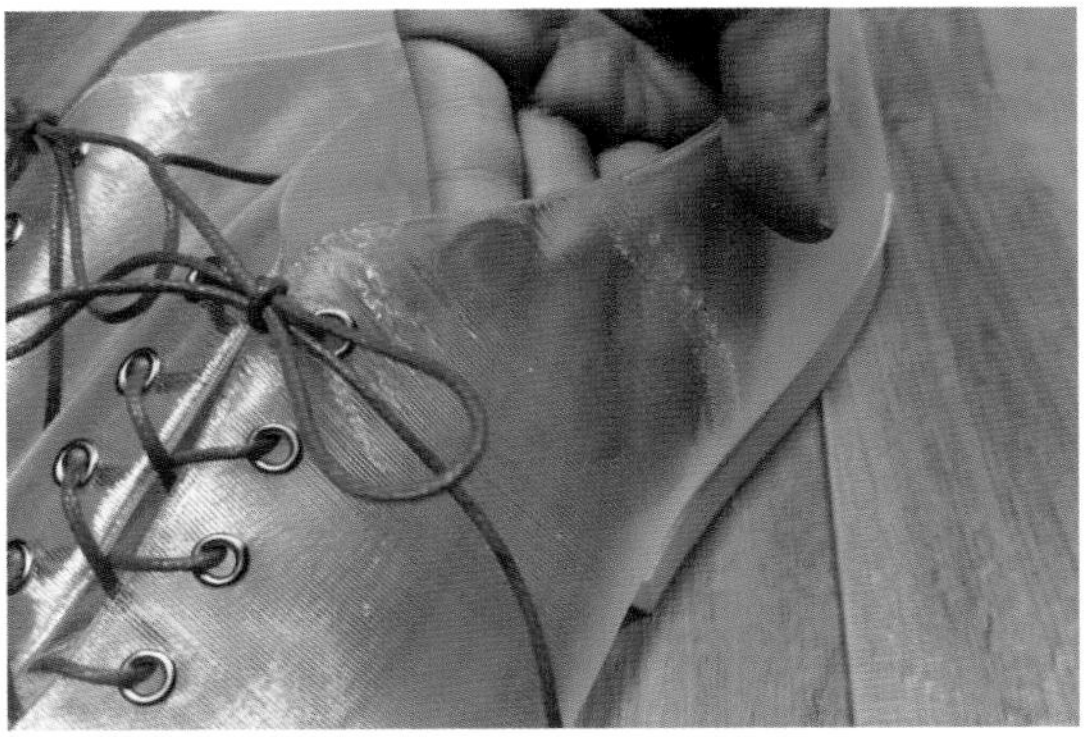

樹脂でできた透明な仮靴

と、お客さまによって好みのフィット感が異なることがわかりました。また、サンプルでのやりとりがないまま靴ができてしまうことへの不安感や、自分に合うように調整していくプロセスを楽しみたかったという期待感も、仕上がりの満足度に影響するとわかりました。

そこで、仮靴の工程を設けることにしました。靴型の微調整が発生しなくても、自分に合わせて調整する機会があった方が、やはり満足度は高まります。

仮靴は郵送して実際に履いてもらい、定量的なフィードバックをメールや回答フォームで教えてもらいます。仮靴の工程でも誰かに会うことはありません。

――革靴に仕上げる工程も御社が行っているのですか。

いいえ。メーカーに外注しています。その方が、品質の高い靴をつくれるからです。靴の履き心地には靴をつくる技術の高さも大きく関係します。

革は繊細な素材ですから、扱い方一つで履き心地が変わってしまいます。見た目を美しくしたり耐久性を高めたりする縫製技術も重要です。サービス開始当初、当社でつくってみたこともありましたが、技術力でメーカーや靴職人の方に追いつくのは難しいと感じました。また、当社の役割や強みを考えると、デザイン面や自動化に専念した方が賢明です。

広がる可能性

――衣服の分野で遠隔測定サービスを提供する企業が出てきています。御社のサービスの特徴は何ですか。

一番の特徴は専用の測定器を用意したり、アプリをインストールしたりする必要がないことです。スマートフォンのカメラが使えれば誰でも簡単に利用できます。

だからでしょうか、コロナ禍で対面でのやりとりに抵抗を感じる人や外出を自粛する人が増えるなか、メーカーや靴職人の方から、安心して靴をつくれるように、自分たちに代わってお客さまの足を測定してもらいたいという依頼が来るようになりました。測定は1件1000円で請け負っています。

こうした依頼が増えるなか、当社は測定に特化していけば、サービスの可能性をもっと広げられるのではないかと思うようになりました。現在のビジネスモデルは、お客さまから直接注文を受けてすべての工程に対応する、いわばＢｔｏＣです。工程の多くを自動化しているとはいえ、二人でやっている会社です。ほかの仕事とのバランスも考えると受注量には限界があります。より多くの方にオーダーメードの良さを味わってもらうには、メーカーや靴職人から測定を請け負うＢｔｏＢのビジネスが適していると考えています。

――メーカーや靴職人の方と一緒に研究も行っているそうですね。

良い履き心地とはどういうことかを研究するために、「足・靴・木型研究会」を立ち上げました。靴の履き心地は人によって異なります。足がぴったり包まれる感覚を好む人もいれば、指先が動く程度のゆとりがあった方が良い人もいます。

ただ、お気に入りを愛用するうちに足に負担をかけているケースもあるかもしれません。そこで、同じ靴を履き続けた場合、足にどう影響するかを研究しています。当社の科学的なアプローチと靴職人の方たちの長年の経験や感覚をかけ合わせ、履きやすくて体にも優しい靴をつくれるようにするのが理想です。

研究成果を動画で配信

――足以外にも応用できそうな技術ですね。

現在開発を検討しているのが、頭の形の測定です。ヘルメットをオーダーメードでつくれないかと思っています。ヘルメットは頭の形にフィットしていないと、十分に衝撃を吸収できません。自転車やバイクのヘルメット、災害時にかぶるヘルメットなどは命を守る大切なものです。だからこそぴったりなじむことが求められる商品といえます。

このほか、手袋やジーンズづくりなどで応用できないか相談されています。それぞれの部位の特徴を踏まえて測定技術をカスタマイズしていきたいと思っています。

コロナ禍で遠隔測定に関する問い合わせが増えました。非接触でも安心してオーダーメード商品をいつでもどこからでも注文できるように開発を進めていきたいです。

≫取材メモ≪

同社のサービスを利用すれば、店員やほかのお客さんと顔を合わせずに自分にぴったりの一足を手に入れられる。遠隔測定技術と靴型データの自動調整プログラムは、靴のオーダーメードは対面でないと難しいという従来の常識を覆した。データのやりとりはすべてオンラインでできるため、同社の社員と実際に革靴をつくる職人も顔を合わせなくてよい。注文から完成まで人と人が一切接触しないでオーダーメードできるようになったのだ。

同社は、メーカーや靴職人との協力関係を大切にすることで、このサービスを軌道に乗せた。開発や実際の革靴づくりで協力してもらい、遠隔測定サービスの安価な提供や研究会の立ち上げで協力するなど、ウィンウィンの関係を築いている。職人たちの長年の経験で培われた技術力や感覚に、同社の科学的な分析力をかけ合わせることで、常識を覆す。今後同社がどのようなサービスを生み出すのか、目が離せない。（尾形　苑子）

事例10

人が主役の無人書店

㈲ならがよい

代表取締役　平田《ひらた》 幸一《こういち》

企業概要

代 表 者：平田 幸一
創　　業：2003年
資 本 金：400万円
従業者数：3人
事業内容：人材コンサルティング、書店とシェアシアターの運営
所 在 地：奈良県奈良市東城戸町32
電話番号：0742(93)4978
U R L：https://naragayoi.com

奈良県奈良市の旧市街地である「ならまち」には、一風変わった店舗がある。㈲ならがよいの代表取締役である平田幸一さんが2018年に始めた「Naramachi《ならまち》 BookSpace《ブックスペース》 ふうせんかずら」だ。多様な本が並ぶ店内に従業員はおらず、代金の決済はセルフで完全キャッシュレス。人と一切接することなく本を購入できるシステムだ。こう聞くと単に合理化を突き詰めた店舗のようにも思えるが、実際には人の存在が欠かせない、温もりのある無人書店だった。

奈良にないものをつくる

――手がけている事業について教えてください。

メインの事業は人材コンサルティングです。企業に向けて、論理思考などビジネススキルを教えています。そのほかに、書店とシェアシアターを無人で運営しています。書店は奈良市内にある「ＮａｒａｍａｃｈｉＢｏｏｋＳｐａｃｅ ふうせんかずら」と滋賀県大津市の商業施設内にある「ＳＥＬＦ《セルフ》 ＢＯＯＫＳ《ブックス》」の２店舗です。シェアシアターは奈良市内にある「ならまちシアター青丹座《あをにざ》」の１店舗です。

奈良や滋賀では無人で運営する仕組みが珍しく、多くの注目を浴びました。特に無人書店は評判が良く、現在はふうせんかずらだけで３０００人超の利用者がいます。

――書店をどうやって無人で運営しているのでしょうか。

店舗を利用する前に、ホームページ上でメンバー登録をお願いしています。メンバーには専用ＩＤを発行しており、ＩＤを入力してスマートロックを解除すれば入店できます。

店内にはキャッシュレス決済用の機器を設置しています。欲しい本を見つけたら、値札を見ながら自分で金額を入力し、機器を使って決済すれば購入完了です。こうした作業をなぜ店舗に従業員が必要かというと、店舗の開閉や会計などのためです。こうした作業を機械に置き換えたことで、従業員のいない書店を実現しています。

ただ、365日無人というわけではありません。入退店自由の「カギ開放DAY」を定期的に設けており、そのときは人が常駐します。

――どのような本を取り扱っているのですか。

ふうせんかずらには小説やビジネス書など、さまざまなジャンルの本が新刊と古本合わせて2000冊以上あります。これらの本はわたしが仕入れたわけではありません。わたしたちは本棚を貸し出し、棚を借りたブックオーナーがそれぞれ厳選した本を置いています。本の売り上げは全額ブックオーナーに入り、当社には本棚のレン

店内には多様な本が並ぶ

タル代が入る仕組みです。品出しや棚の飾りつけに加え、カギ開放ＤＡＹの店番も可能な限りブックオーナーに任せていますので、実際は書店よりもフリーマーケットに近いです。最近はインターネットで自分の店を出せるサービスが増えていますが、ふうせんかずらではリアルな空間で自分の店を出す体験ができると好評です。棚の貸し出しは2カ月単位なので、定期的に品ぞろえが変わる点もこの仕組みのメリットです。

――無人で運営していると、防犯面が不安ではないですか。

実はこれまで一度も万引をされていません。防犯対策として監視カメラを設置していますが、それ以上に効果的なのが利用の登録制です。入店するには名前やメールアドレス、電話番号を登録する必要があります。自分の個人情報をさらけ出したうえで悪さをする人はそういません。

無人だと防犯面が不安とよくいわれますが、従業員がいる書店でも万引は発生します。一番の防犯対策は、利用する人にセキュリティをかけることだと思います。本が好きで、個人情報を明かしてでも使いたい人にだけ利用してもらうことで、無人でも安心して運営できるのです。これは本が日用品ではなく、一種の嗜好品《しこうひん》だからこそできる仕組みです。

――なぜ無人書店を始めたのですか。

もともと本が好きで、フリーマーケットをよく開催していました。ただ、単発のイベントだとつくり上げたものが毎回リセットされるので、常設にできないかと考えていました。また、奈良には品ぞろえやコンセプトに特徴のある書店がなかったので、オリジナリティーのある書店をつくりたかったのです。

無人にしたのはならまちシアター青丹座での経験があったからです。青丹座は持参したＤＶＤなどを貸し切りで自由に鑑賞できる、全12席の無人シェアシアターです。奈良市には大きな映画館がなく、家で映画を観ようにも周囲に音が漏れるような古い建物が多いので、家の外で映画が観られる場所として２０１５年にオープンしました。

――そこで無人店運営のノウハウを培ったのですね。

青丹座には良い機材を入れたので、最初は無人での運営に不安がありました。しかし、部屋を汚されたり機材を壊されたりすることはなかったです。青丹座では利用前に個人情報の入力や支払いをお願いしているほか、利用者の多くは希望の曜日を安く利用できる会費制のプランに加入しています。すると、単なる利用者ではなくシアターの所有者のような感覚になり、大事に使ってくれるのです。無人書店は会費制ではないですが、利用を登録制にし、本好きの人たちにとって特別な空間にすることができれば、防犯面は問題ないと確信していました。

青丹座を始める前は、もちろん映画好きが映画を観るために使うと思っていました。それが実際に運営してみると、アイドルのファンがライブ映像を観て盛り上がったり、作中に出てくる料理と同じものを食べながら映画を観たりと、利用者が自分たちで新しい使い方を生み出していました。そしてそれを利用者がＳＮＳで発信し、さらに利用者が増えるという流れが生まれたのです。

この経験から、魅力的な空間を用意すればその空間に価値を見いだす人たちが自由に使い方を考えてくれるとわかりました。これは無人店運営において重要な気づきでした。

作業から解放された人を生かす

――コロナ禍を受け、新たな取り組みを始めたそうですね。

２０２１年３月からふうせんかずらの本棚を24時間配信する「タナミル」というサービス

を始めました。家にいながら書店で本を物色する感覚が味わえるよう、モーターを組み合わせた可動式の機材に5台のカメラをセットし、人が歩く速さでカメラが本棚の各段を左右に動いてライブ配信しています。気になった本はオンラインで購入できます。

――ネット通販でも非接触で本を買えますが、違いはあるのでしょうか。

ネット通販のメリットは品ぞろえや利便性です。一方、書店で本を探す楽しさはネット上ではなかなか味わえません。ふうせんかずらは小さい店舗なので、利用者は本棚をくまなく見ることができ、普通の書店にはない個性的な本とも出会えます。一般的な書店ビジネスでは人件費がかさみますが、無人化したことで維持コストを極力抑えつつ、未知の本と出会える空間をつくることができました。

タナミルについても同様で、コロナ禍で外出しにくく

本棚を配信するためのカメラ

なったからこそ、本を探すプロセスをオンラインで提供し、書店の新しい可能性を発信したかったのです。利用者のなかには実店舗にも興味をもち、後日実際に来店に至ったケースもあります。

――ほかにも無人店ならではの強みはありますか。

三つあります。一つ目は、人件費がかからない分、営業時間を長くできる点です。利用者の多様なライフスタイルに合わせて、ふうせんかずらの営業時間は7時30分から22時までと長めに設定しました。利用時間も分散するので、密にならずに安心して本を探すことができます。

二つ目は、人に邪魔されず落ち着いて利用できる点です。店内にはセルフカフェスペースがあり、買った本をすぐに読めます。静かな読書空間としても重宝されています。

三つ目は、わたしたちがほかの仕事に注力できる点です。一般的な書店では、従業員は店番や品出しなどにかかりきりになります。無人化したことで、書店を運営しながらコンサルティングなどほかの仕事に取り組めます。また、ふうせんかずらを単なる書店にとどめることなく、どうすればより魅力的な空間になるかを考える余裕も生まれています。

――店が無人になることで、従業員は不要になってしまうのでしょうか。

そうは考えていません。むしろ、単純な作業から解放された人をどう生かすかが問われると思います。

ふうせんかずらでは、従業員が自らの名前を冠したおむすび専門店を定期的に開いていま す。書店の仕事をする必要がない分、従業員は得意なことに挑戦でき、それが新たな利用者の開拓につながっています。

また、店内で各ブックオーナーを紹介し、その本棚をつくった人や選書の意図がわかるようにしています。ブックオーナーには自分の好きなことを発信したいという熱意をもつ方が多いので、希望者にはカギ開放ＤＡＹのときにイベントを主催してもらうこともあります。こうした取り組みによって、本だけでなくブックオーナーを目当てにした利用者も増えています。

このように、ふうせんかずらではさまざまなところで人にクローズアップしています。機械でもできる仕事から脱却し、人を感じに行きたいと思ってもらえるように、人や店舗をプロデュースすることが無人化後の新しい仕事だと思っています。

人と比べられないことをする

――無人店とコンサルティング事業の間に親和性はありますか。

ふうせんかずらや青丹座の運営を通じて蓄積したノウハウを、コンサルタントとして発信しています。すでに新潟県と埼玉県に1店舗ずつ、当社の仕組みを導入した無人店がオープンしています。

コロナ禍によって無人店の需要は高まっています。ただ、今は無人というだけで話題になっている面もあります。無人店が増えるにつれて、その価値も当たり前のものになっていくでしょう。埋没を避けるには、ターゲットを明確にしてコアなファンをつかむ無人店にする必要があります。そこで主役になるのが人であり、今後も人が活躍する場面は無数にあるでしょう。

――事業をするうえで何か大事にしていることがあれば教えてください。

なるべく人と比べられないことをするようにしています。年を重ねるにつれて感じるのは、人と同じことをやっていたらより若い人の方が選ばれる、ということです。そうならないよう、ほかの人がまだやっていないことや、まだ奈良にないことができないかと常に考えています。

また、奈良の魅力を高め、奈良に興味をもってもらいたいと思っています。「ならがよい」という社名は「奈良が良い」と「奈良通い」をかけています。わたしは雅で美しい奈良の町が好きですが、多くの人にとって奈良は「修学旅行で行く所」程度の印象ではないでしょうか。奈良に住みたいとまではいかなくても、奈良に行ってみたいと思ってもらえるよう、奈良発の面白いことをもっと発信していきたいです。

ふうせんかずらの中庭には古い蔵があります。まだ構想段階ですが、次はこの蔵を活用して何かクリエーティブな場所をつくれないか考えています。例えば蔵とクラフトをかけて、指輪などを製作できる空間にすれば、ふうせんかずらとは違った層にも興味をもってもらえると思います。歴史ある奈良の町で、今あるものを生かしながら奈良にないものをつくり、人が集まる空間を生み出していくことが今後の目標です。

≪取材メモ≪

ふうせんかずらは書店の枠組みにとらわれることなく、おむすび専門店やイベントスペースとしても活用されている自由な空間だ。もしここに従業員が常駐し、書店としての使い方を強いてしまうと、その空間から新たな価値が生まれなくなってしまうかもしれない。無人化には単にコストを抑えるだけでなく、その空間をどう使うかという自由度を運営側と利用者側の双方に生み出す効果もあるといえる。

少子高齢化や過疎化が進むにつれ、働き手の減少も大きな問題となっていくだろう。店舗の無人化は、そうした働き手不足に対する有力な解決策となり得る。ただ、人の役割を機械で代替しただけの無人店が増えるようでは何とも味気ない。ふうせんかずらのように、むしろ人の可能性を広げるような、血の通った無人店が増えてほしいと強く感じた。

（原澤　大地）

事例11

畑をたくさんの笑顔を育む舞台に

㈱Root

代表取締役　岸《きし》　圭介《けいすけ》

企業概要

代表者：岸　圭介
創　業：2017年
資本金：795万円
従業者数：1人
事業内容：農業・狩猟の遠隔体験システムの開発
所在地：神奈川県南足柄市広町45-1
電話番号：080(4432)5196
URL：https://root-farm.com

野菜を育ててみたいが、畑が近くにない。近くにあっても畑を世話する時間がない。せっかく興味があっても一歩を踏み出せない。こうした問題に注目したのが㈱Rootだ。代表取締役の岸圭介さんが自ら開発したアプリ「ROOT《ルート》 FARM《ファーム》」を使えば、いつでもどこからでも野菜づくりを楽しめるという。一体どのようなサービスなのだろうか。

行かなくても大丈夫

――事業内容を教えてください。

農業を遠隔体験できるスマートフォンアプリ「ＲＯＯＴ　ＦＡＲＭ」と、このアプリを運営するシステム「スマート体験農園システム」を開発しています。当社には2種類のお客さまがいます。ＲＯＯＴ　ＦＡＲＭをインストールして農業を体験する人たちと、スマート体験農園システムを畑に導入する農家の方々です。

わたしは当社を経営する傍ら、農業も行っています。１ヘクタールの畑で、約40種類の野菜を育てています。もちろん、ここにはスマート体験農園システムを導入しています。２０２１年度までに、１００人を超えるユーザーがＲＯＯＴ　ＦＡＲＭを使ってわたしの畑を楽しんできました。

――ROOT FARMについて岸さんの畑を例に教えてください。

ＲＯＯＴ　ＦＡＲＭはスマートフォンの画面上で農業を体験するアプリです。アプリの利用料金は年額3万円で、ダウンロード時に一括払いとなります。料金にはROOT FARMの利用のほか、収穫した野菜を利用者に届けるサービスも含みます。ROOT FARMには13のコンテンツがあります。なかでも人気の高い三つを紹介しましょう。

一つ目は、野菜の生育状況を配信する「はたけストーリー」です。わたしが毎日畑で撮影した写真や動画をコメントつきで掲載しています。1年中畑を楽しんでもらえるように、旬の野菜を育てています。芽が出た、花が開いた、実が大きくなったといったように、日々の野菜の成長を実感できます。

二つ目は利用者同士が交流できる「みんなのはたけさんぽ」です。実際の畑を映した画面上を利用者のアイコンが自由に歩き回る、ゲームのような見た目になっています。例えばナス畑に行くと、その日のナスの写真が表示されます。それを見ながら「そろそろ収穫ですね」などと利用者同士で会話するわけです。自宅にいながら、畑にいるかのような感覚を味わえるだけでなく、みんなで野菜を育てているという一体感が生まれるのが面白いと、利用者からは好評です。月に1回、管理者のわたしが参加する機会も設けています。

最後は「ヤギLINEボット」です。わたしの畑ではヤギ子さんという名前のヤギを飼育し、ふんを堆肥に利用しています。ヤギ子さんの写真をLINEボットの画面に出して、利用者からテキストメッセージを受信すると、ＡＩ技術を使って返信します。まるでヤギ子さんと会話しているかのように感じられます。最近は遠隔操作できるロボットを導入し、ヤギ子さんに餌やりできる仕組みも開発、現在ＲＯＯＴ ＦＡＲＭへの導入を進めているところです。

アプリのコンテンツはすべて、ゲーム感覚で楽しんでもらえるように設計しました。それは農業に親しみをもってもらいたいからです。花の写真から作物を当てるクイズや、暦と農作業に関する豆知識などを定期的に配信したりもしています。農業体験と一口でいっても、畑での作業だけが体験ではありません。デジタル技術も駆使して多面的に農業を楽しめるようにしています。

親しみやすさを追求したアプリ画面

――収穫した野菜を利用者に届けるサービスについて教えてください。

みんなで育てた野菜は、わたしが収穫して届けています。ニンニク、ジャガイモ、ミニカボチャ、ダイコン、ニンジンなどを2カ月に1回くらいの頻度で発送します。
最近は農作物の宅配サービスが増えており、利用している人も多いと思います。産地直送ならではの新鮮さや、生産者の顔が見える安心感などが魅力なのでしょう。この点、当社の届ける野菜は、まさに利用者が自分で育てたものですから、喜びはひとしおだと思います。ROOT FARMを通して育てた野菜を手に取ったわが子が、目を輝かせていたとよく聞きます。

もちろん、利用者が農園に行って収穫することもできます。ヤギ子さんに餌をあげたり、畑にいる虫を観察したりと、実体験もできるサービスなのです。まずは普段の生活のなかでスマートフォンで楽しみ、時間ができたら畑に足を運ぶ。初めて訪れるのに、自分の畑に帰ってきたような感覚を楽しめます。

アイデアは自分で形に

――ROOT FARMの利用者はどのような人が多いですか。

当社のある神奈川県と隣の東京都に住んでいる方です。利用者の約半数は、小さな子どものいる家庭です。野菜を育ててみたいけどマンションに住んでいるため庭がない、近所に農業を体験できる畑がない、毎日畑の世話をする時間が確保できないといった方が多いです。

ほかには60歳代から70歳代という高齢の利用者が目立ちます。自分で家庭菜園をやるのは体力的にきついのでその代わりにアプリで体験を、という方が多いですね。近所に畑があった頃の暮らしを懐かしむ気持ちがあるのかもしれません。こうした利用者層は当初の想定にはなかったもので、サービスの意外な広がりを感じ、うれしく思います。

ROOT FARMというアプリによって農業を体験しやすくなったわけですが、コンテンツの更新が欠かせません。農家の方々が更新に使うのがスマート体験農園システムです。わたしはアプリとシステムの導入効果を自らの農園で実証できたので、ほかの農家に勧めようと考えたのです。

採れたての野菜が利用者に届けられる

――ここからはアプリやシステムの開発、農家への導入などについてうかがいます。まず、開発のきっかけを教えてください。

農業の楽しさを肌で感じたことです。わたしが最初に農業を体験したのは大学生のときでした。東京大学に入ったものの大学生活に意義を見いだせず、1年間休学して北海道の酪農家の下で働きました。その後、最初にお話ししたように自分でも農業を始めました。

農業は定年もなく健康なうちはずっとできるすばらしい仕事であること、ただ、収益力がほかの産業に比べて低いことを学びました。収益力を上げたくても、1平方メートル当たりの売り上げは作物ごとにだいたい決まっており、付加価値を増やすことは難しい。そこでわたしは、畑という空間の有効活用を考えるようになったのです。

こうして生まれたのが農業体験のサービスです。農業に縁がない人に体験を提供することを通じて農業の面白さを知ってもらえれば、農家にとっては新たな収益源が生まれます。デジタル技術の普及も実現を後押ししてくれました。スマートフォンに農業をインストールしてしまえば、畑が遠い、農作業の時間を確保できない、といった問題を一気に解決できるわけです。そしてこの仕組みを農家の方々に提供すれば、農家の収益力向上につながると考えました。

――アプリやシステムは独力で開発したそうですね。

そうです。自分のアイデアは自分の手で形にしたいと思ったからです。どのようなシステムをつくるかは、提供するサービスの仕組みと密接につながります。わざわざ仕様書をつくってエンジニアに外注するよりも、自分でシステムをつくる方が手っ取り早いと考えたのです。プログラミング言語を学んだことがなかったので、独学で習得しました。何でも自分でやってみないと気が済まない性格なのかもしれません。開発後、当社を設立しました。

無理なく始めるデジタル化

――スマート体験農園システムはどうやって農家に導入するのですか。

導入には農園に通信設備が必要です。カメラで野菜の写真や動画を撮影し、オンラインで配信するからです。意外に思われるかもしれませんが、インターネット環境の整っている農園は多く、通信環境の整備は導入のネックにならないことがほとんどです。

またスマート体験農園システムはカスタマイズが可能です。例えば、わたしの農園ではROOT FARM利用者全員で一つの畑を管理するスタイルにしています。そうではなく、農園を5平方メートル程度の区画に分け、利用者一人ひとりに区画を割り振ったうえでROOT FARMのサービスを提供することも可能です。いずれも導入の負担はほとんどありません。

導入先の開拓に当たっては自治体と連携することがほとんどです。多くの自治体は地域の農業をいかに活性化するかについて頭を悩ませており、当社のサービスを知ると相談にやってきます。そこでわたしは自治体の担当者と一緒に農家を回って、スマート体験農園システムを導入してみませんかと営業するわけです。コロナ禍になってからはリモートで営業してきました。その成果で、兵庫県や静岡県など遠方の農家に導入してもらうケースも出てきました。

利用者を楽しませてくれるヤギ子さん

――反響はいかがですか。

やはり収益面への関心が高いと感じます。例えば、農園を10個の区画に分けてそれぞれの利用料を年間5万円とした場合、農家の売り上げは50万円になります。当社に支払うシステム使用料は利用者数にかかわらず年間12万円です。ここから収穫した野菜の配送料など諸経費を引いても30万円以上は残ります。本業の延長線上で、それほど負担を増やさずに新たな収入を得られる点が受けています。

これは想定していなかったのですが、農家のモチベーションを高める効果もあるようです。導入した農家から、ＲＯＯＴ ＦＡＲＭの画面に映った畑を見た利用者に「きれいに整備されているのですね」と言われ、何でもないことなのにうれしかったという話を聞きました。農家が消費者と会話するのはせいぜい販売するときくらいでしょうか。農作物の生育過程や普段の畑の様子について話すことはほとんどありません。当社の開発したシステムを通して利用者とつながる機会をもつこと自体が、農家にとってプラスになるとわかりました。ＲＯＯＴ ＦＡＲＭの利用者が農業を楽しむ姿や、それに呼応するように農家が活気を増していく様子をみると、わたしも非常にやりがいを感じます。

――農業以外の分野でも応用できそうなシステムですね。

実は狩猟への応用を進めています。狩猟を体験できるアプリ「マイわな体験ネット」を開発し、2021年から運営を始めました。

仕組みはROOT FARMとそう変わりません。わたしがわなを仕かけ、周辺にはカメラを設置しておきます。そして映像をアプリの利用者に24時間配信します。わなにイノシシなどがかかる様子をどきどきしながら見ることができるのは、ユニークなサービスだと思います。

害獣被害に悩む農家の役に立ちたいと思い開発しました。

創業以来、農業体験の分野で新しいビジネスモデルを確立してきました。これからも多くの人に利用していただけるよう、サービスを磨いていきたいと思います。

≪取材メモ≪

同社の「スマート体験農園システム」のキャッチフレーズは「はたけをあそぼう」である。まずは遊び感覚で農業を体験してみてほしいという岸さんの思いが込められている。

農業体験といえば従来、畑に行くのが当たり前だった。だが、岸さんはこの当たり前に疑問を抱いた。現地で畑をいじることだけがすべてではないと考え、畑に行く手間をかけなくてもできるサービスの開発に取り組んだ。そして畑にデジタル技術を組み合わせることで、時間や空間の制約がない農業体験の仕組みを生み出したのである。

農家は新たな収益源を得るほか、毎日の農作業を見てもらうことでモチベーションを高めているという。手軽に農業をやってみたいと考える潜在顧客の発掘は、農業の未来を明るくすることにもつながりそうだ。

（笠原 千尋）

事例12

国境を越えて届ける理想の一着

Drexy Company Limited Hong Kong

代表 矢上《やがみ》めい

企業概要

代 表 者：矢上 めい
創　　業：2013年
資 本 金：300万香港ドル
従業者数：1人
事業内容：オーダーメード婦人服の販売
所 在 地：#1304, 13F, General Commercial Building, 156-164 Des Voeux Road, Central, Hong Kong
U R L：https://mydesign-fashion.com

香港に本社があるDrexy Company Limited Hong Kongは、オンライン専門のオーダーメードの婦人服ブランド「M.Y. Design」を運営している。採寸は顧客自身にしてもらい、デザインもメールやチャットなどを使って決めていく。顧客と一度も接触することなく理想を形にするサービスはどのように成長していったのか。話をうかがった。

採寸は自分で

――事業内容を教えてください。

オンラインでオーダーメードの洋服を販売しています。女性物をメインに、普段着のワンピースからウエディングドレスまで、さまざまなデザインに対応しています。

注文の流れを説明しましょう。まずは、メールやチャットでつくりたい服の大まかなイメージを当店に送ります。例えば、「膝丈でフレアラインのワンピースが欲しい。サイズはMで素材はコットン、柄は無地」といった内容です。このとき、出来上がりのイメージに近い写真やイラストがあれば添付します。当店から見積もりが返信されるので、価格に納得できたら注文に進みます。例示したワンピースだと2万円前後です。

次は打ち合わせです。襟や袖のデザイン、ボタンやレースなどの装飾、生地の選定など、細かい部分まで、行き違いがないように相談します。打ち合わせにもメールやチャットを使うので、店を訪れる必要はありません。その代わり、一般的なオーダーメードでは店員が採寸を行いますが、ご自分でしていただきます。

詳細が決まったら、代金が確定するのでクレジットカードや銀行振り込みで、先に支払っていただきます。入金確認後、製作を始めます。

――お客さまが自分で測ったサイズで正確につくれるのでしょうか。

大丈夫です。しっかり測っていただけるように、採寸方法を詳しく説明したイラストをホームページで公開しています。アッパーバスト、ローウエストなど、聞き慣れない測定箇所もあるので、体のどこにどのようにメジャーを当てて測定すればよいのか18カ所に分けて解説しています。手元にあるお気に入りの服の測定もお願いし、採寸に大きな間違いがないか確認しています。経験豊富なパタンナーが日本人の標準的な体型データと照らし合わせながらデータを補正して最終的なサイズを決定するので、出来上がりは正確です。

とはいえ、当店のようなオンライン専門店では、寸分

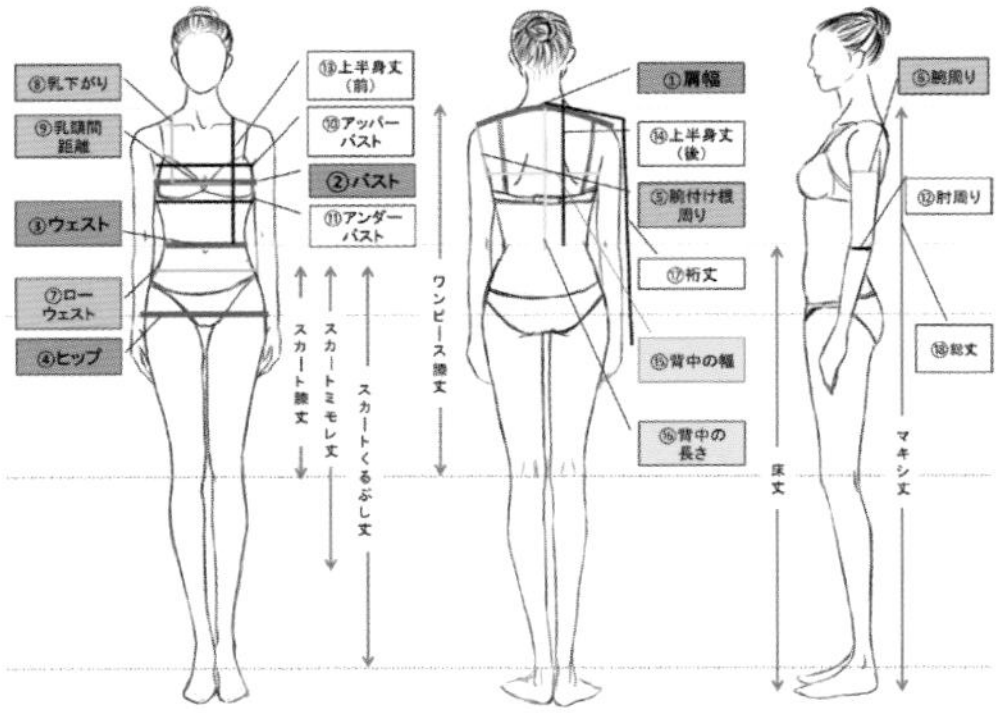

採寸方法を説明したイラスト

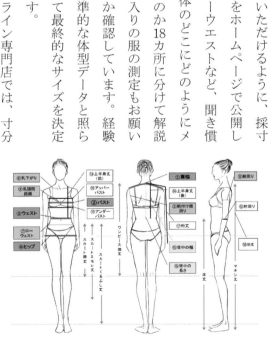

たがわぬ採寸はあまり必要とされていません。サイズがぴったりであること以上に、自分好みのデザインを追求するお客さまが多いからです。今でこそ当店はどんなデザインにも対応していますが、創業当初はラップドレスの専門店でした。定番のつくりが確立しておりサイズも調整しやすい、失敗のリスクが低い服だからです。お客さまとのやりとりを通し、当店にはどんな種類の服にも対応できることが求められているとわかり、デザインのレパートリーを増やしました。

――製作はどのように進んでいくのでしょうか。

型紙づくりや縫製、発送は中国の珠海市にある関連会社で行います。広東省南部の珠海市は、交通アクセスが良く、香港の中心部から車で1時間ほどです。

この会社は、当店の縫製を専門に行うためにわたしが出資し２０１８年に設立しました。わたしがトップを務めようと思っていたのですが、現地で新たな従業員を採用するには、現地の雇用事情に詳しく、中国語も堪能な人の方が適任と感じました。社内外でコミュニケーションが円滑になるように、トップには日本語も話せる中国人に就いてもらいました。当店はわたし一人でデザインや販売を行い、関連会社はパタンナーや縫製担当者など約30人が在籍する縫製工場として役割分担しています。

お客さまの手元に商品が届くのは、入金から約4週間後です。万が一サイズが合わない場合は、無料で修正しています。調整しやすいように、既製服よりも多く縫いしろをとっているので、ワンサイズ程度であれば、お直しで対応可能です。

店舗がなくても大丈夫

――拠点は香港です。日本人がターゲットなのはなぜですか。

オーダーメードを低価格で提供し、日本人に服をつくる楽しみを身近に感じてもらいたいと思ったのが、創業のきっかけだからです。

わたしはもともと日本で暮らしていましたが、夫の転勤に帯同して香港に移住しました。移住して驚いたのは、香港の人たちは気軽に普段着をオーダーメードしていたことと、その価格の安さです。日本人にも受けそうだなと思いました。

とはいえ、わざわざ日本人に香港まで来てもらうのではビジネスになりません。交通費を考えると日本で服をつくるのと変わらない価格になるからです。日本にいながら香港並みの価格でオーダーできるならビジネスになると思いました。

価格の魅力を最大限生かすにはどうすればよいかを考えながらテーラー巡りをしていたのですが、あるとき、香港の人たちは打ち合わせにかなり時間をかけていることに気がつきました。そのとき、日本人をターゲットにするのであれば、店舗がなくてもやっていけると思ったのです。これなら交通費の問題をクリアできます。家賃もかからないので、創業しやすいと感じました。

――打ち合わせの長さと店舗の要否にどんな関係があるのでしょうか。

日本と香港ではオーダーメードの打ち合わせにかける時間に差があるように感じました。となると、店舗に求められる役割が変わってくることになります。香港の人たちは、新しい服が欲しいと思ったときにオーダーメードを考えます。そしてテーラーを訪れて店員に相談し、今回はこうした服にしたらどうかとか、生地はこれがよいのではないかなど、提案を受けながら欲しい服の詳細を詰めていくのです。まったく白紙の状態から服をつくる場合は、店舗でフェース・トゥ・フェースのやりとりをした方がスムーズに進みます。

一方、日本人の場合、お気に入りが既製品のなかに見つからないからつくるというケースが多いです。欲しい服のイメージがはっきりしているため、店員にじっくり相談したり提案を受けたりする必要がありません。これなら店舗ではなくオンラインでも事足りるわけです。

そうはいっても、欲しい服のイメージが伝わるのか不安に思うお客さまもいらっしゃるでしょう。こうした不安は、写真やイラストをオンラインで共有すれば解消できます。また、打ち合わせから出来上がりの確認まで、一貫してわたしが窓口となり、意思疎通のことで不安が生じないようにしています。こうした工夫のおかげでしょうか、創業から10年以上経ちますが、頭に描いていたイメージと出来上がりが違うから最初からつくり直してほしいといわれたケースはありません。

――最近はセミオーダーにも力を入れています。なぜでしょうか。

洋服のオーダーメードが初めてという方や、オンラインでの注文に不安を抱く方でもチャレンジしやすくするためです。フルオーダーよりもお手軽なセミオーダーを用意することで、初回の注文のハードルを下げています。1回注文するとサイズや好みのデザインに関するデータなどが残るので、次の注文がしやすくなります。2回目はフルオーダーでおしゃれを、という方も少なくありません。

　セミオーダーではデザインのレパートリーを豊富にそろえられるかどうかがポイントになります。当店では、お客さまに喜ばれる商品をいち早く準備できるように、データを重視しています。服で自身の感性を表現するデザイナーは雇っていません。必ずしも人気を反映した洋服ができるとは限らないからです。

　徐々に注文が増え、顧客のデータが蓄積されてくると、お客さまが喜ぶ商品がどういうものなのかがわかってきました。そこで、データの分析に今まで以上に力を入れて、デザインの選択肢を徐々に増やしています。オーダーメードの打ち合わせで話題に上る写真やイラストの分析がセミオーダーにも生きています。

　データの分析は、わたしと珠海の会社にいる専門スタッフ2人で行っています。難しい仕事ではありますが、あくまで受注生産なので在庫リスクは発生しません。これからもデータ

セミオーダー商品も豊富に用意

に基づくセミオーダー品の開発を大切にして、流行に沿った商品ラインアップにしていきます。まずはセミオーダーで当店を使ってもらい、やがてオーダーメードに進んでいく流れを楽しんでもらいたいです。

どこからでも誰でも

――新型コロナウイルス感染症の影響はありましたか。

店舗に足を運んで服を買うのが難しくなったためでしょうか、注文が増えており業績は好調です。ただ、２０２２年に入ってからは、関連会社の近所で感染者が発生し、周辺が封鎖される事態がありました。従業員が出社できなくなってしまったため、製作が追いつかなくなってきています。物流も滞りがちで、発送にも影響が出ています。新型コロナウイルス感染症の影響が収まったとしても、同様のことがいつまた起こるかわかりません。

また、今までは縫製の得意な人材を安定的に確保できていましたが、製造業は中国の若い世代に敬遠されがちなこともあり、年々採用が難しくなっています。人件費も上昇傾向です。価格と品質のバランスを維持し続けるためにも、工場の立地を見直す必要があるのかなと感じています。具体的には、ベトナムやインドネシアなどへの進出を検討しているところです。

――今後も店舗を構えるつもりはないのでしょうか。

ありません。当店の強みはどこからでも気軽に洋服をオーダーメードできることです。このためには何といっても、オンラインが欠かせません。店舗に足を運ぶためにかかるコストは抑え、自分好みの洋服にお金をかけるのは魅力的だと思いませんか。売る側からしても、オンラインなら店舗という空間の制約に縛られずに済みます。

宣伝のために期間限定のポップアップ店舗を構えることは検討しています。リアルとバーチャルの長所をうまく使い分けることで、服をオーダーメードしたことがない方たちにも、広く当店のサービスを知っていただく機会をつくりたいと思っています。

――日本以外の国や地域でも需要は多そうです。

早ければ２０２２年の夏に、米国やシンガポールへ販路を拡大する予定です。英語版のホームページをつくり、準備を進めています。どちらの国にも滞在経験があるのですが、ファッションに明確な主張をもつ人が多い印象を抱いています。日本市場のように、服の好みや流行、国民性などをまだ十分に分析できていないので、まずは商品の種類を絞って始めていこうと思っています。

また、男性物の注文も増やしていきたいと考えています。現在は女性物をメインにしているため、男性向けのサービスもあることはホームページで積極的にアピールしていません。セミオーダーの展開もないのですが、それでもお客さまの1割は男性です。男性物についてもデータの収集を進め、オーダーメードの幅を増やしていきたいです。

世界中どこからでも、男女の区別なく誰にでも、オーダーメードを気軽に楽しんでもらえるように、事業を拡大していきます。

≪取材メモ≪

矢上さんは趣味として洋裁をしていたが、深く勉強したことはなかった。アパレルショップで働いた経験も、服のオーダーメードにかかわる仕事をした経験もない。香港に移住する前は大手IT企業で働き、移住後は日系の銀行に転職した。実は、今のビジネスは副業として始めたのだという。

経験がない分、矢上さんはデータの分析に力を入れた。日本人の服の好み、流行のデザイン、体型と服のサイズ感などさまざまな情報を調べ、徹底的に分析した。豊富なデータをもとに顧客の要望に合うデザインをパーツごとに提示しながら詳細を詰め、日本人の標準体型と比較しながら採寸データを補正することで、対面と遜色ないクオリティーのオーダーメード服を顧客に届けている。

メールやチャットといった誰でも使える既存のオンラインツールと、徹底した分析で時間や空間の常識を覆すビジネスを成功させた事例である。

（尾形　苑子）

時間と空間の常識に挑む小企業
―ニューノーマルの先端をゆく発想―

2022年７月15日　発行（禁無断転載）

編　者　　日本政策金融公庫
総合研究所

発行者　　脇　坂　康　弘

発行所　株式会社 同 友 館
〒113-0033 東京都文京区本郷3-38-1
本 郷 信 徳 ビ ル　3F
電話　03(3813)3966
FAX　03(3818)2774
https://www.doyukan.co.jp/
ISBN 978-4-496-05609-3

落丁・乱丁本はお取替えいたします。